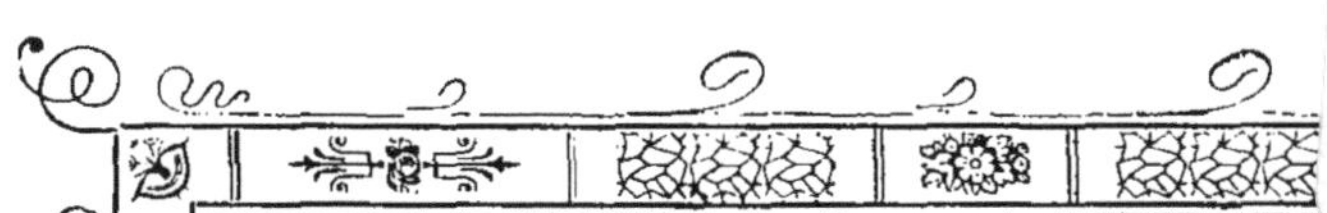
L'Abbé C. Macé
CURÉ-DOYEN D'ATHIS

ATHIS 1786=1834

Maître Claude JOSSET

FLERS-DE-L'ORNE

Imprimerie Catholique, Rues du Château et de la Mairie

—

1902

AF309756

LK
33533

ATHIS 1786-1834

Maître Claude JOSSET

C. MACÉ,
Ch. honᵣₑ,
Curé-Doyen d'Athis.

INTRODUCTION

Il y a cinquante ans, M. le Comte Hector de la Ferrière consacra à la vie féodale du canton d'Athis un volume très érudit. La Révolution et les premières années du siècle lui parurent de date encore trop récente, il n'aborda pas cette époque.

Depuis lors, le temps a marché. D'éminents écrivains ont tiré de la poussière des archives des documents précieux pour l'histoire.

Qu'il soit permis, à un humble chercheur de placer sa modeste pierre à côté de l'édifice érigé par leurs soins.

Dans un premier chapitre, je rappellerai sommairement quels furent les fiefs, les seigneurs, les habitations et les principaux propriétaires d'Athis.

Le second sera consacré à la paroisse et aux seigneurs patrons, le troisième aux premières municipalités.

J'essayerai ensuite de faire mieux connaître Maître Claude Josset qui fut curé d'Athis de 1786 à 1834. Je le montrerai avant et pendant l'exil. Je parlerai du curé jureur et des prêtres fidèles qui séjournèrent dans la localité et spécialement de M. Prieur. Je montrerai les administrateurs de la commune aux prises avec les plus grandes difficultés et dénués de ressources pour réprimer des troubles sans fin et des illégalités criantes. Enfin j'indiquerai comment M. Josset restaura toutes choses à son retour.

Mes renseignements ont été puisés aux meilleures sources. La mairie d'Athis m'a ouvert ses registres des délibérations. Le chanoine Hugonin a visité à mon intention le Chartrier de l'Evêché de Bayeux. Séez et Alençon m'ont fourni leur contingent de pièces intéressantes. Enfin, j'ai parcouru les papiers de nos vieilles familles, recueilli et contrôlé tous les souvenirs.

Que tous ceux qui m'ont prêté leur bienveillant concours reçoivent ici l'expression de ma gratitude.

C. MACÉ,

Chanoine honoraire

CURÉ-DOYEN D'ATHIS

Athis, 8 décembre 1901.

Ancienne Église d'Athis

F. Pignard.

ATHIS 1786-1834

Maître Claude JOSSET

Athis est situé à une des extrémités du Bocage normand. La rivière et la vallée de la Vère le séparent de St-Pierre-du-Regard et du pays de plaines ondulées qui remontent vers Falaise.

Son étendue est de 3.247 hectares. La population actuelle atteint le chiffre de 2.881 habitants.

Chef-lieu de canton depuis la Révolution, il appartient à l'arrondissement de Domfront et au département de l'Orne.

Sur la Vère, des industriels intelligents ont établi, dès le commencement du XIXe siècle, de nombreuses filatures (1). Quelques-unes dorment, silencieuses. D'autres, pourvues de l'outillage moderne, sont en pleine activité. Des tisserands à domicile sont disséminés dans les villages. Le reste des ouvriers s'occupe de la culture ou pratique la variété de métiers qui s'impose dans une localité relativement importante.

Au point de vue spirituel, Athis est le siège d'un des trente-six doyennés du diocèse de Séez.

Autrefois, il en était autrement. Nos impôts allaient à la généralité de Caen, nos procès au baillage de Vire, nos petits démêlés à la haute justice de Condé-sur-Noireau. Les chefs ecclésiastiques étaient : le doyen de Condé, l'archidiacre de Vire, et l'Evêque de Bayeux.

---

(1) En 1818, Madame Bazin convertit en filature le moulin de Planquivon. Un peu plus tard, Pierre Hardy, de la Heuzélière, se fixa dans la vallée. Beaucoup de personnes, et son père le premier, se moquèrent de sa hardiesse. Son œuvre, modifiée, subsiste encore.

Le cours d'eau qu'il utilisa faisait tourner le moulin de Jacques Prieur, là où est présentement la cantine.

CHAPITRE PREMIER

I

Athis féodal

1. Notre territoire comprenait six fiefs principaux. Le plus fort avait été, primitivement, celui de St-Vigor ou d'Athis. Il présentait à la cure, avait son siège près de l'église et s'étendait de la ferme des Terriers au moulin des Vaux-de-Vère (1), et de la Bunodière jusqu'au Buat. Les de Renneville qui en avaient été les paisibles possesseurs pendant plusieurs siècles, se le partagèrent lorsqu'il tomba en quenouille.

Quel fut le lot de M. de St-Germain qui s'allia avec une de Renneville en 1618 ? Il serait difficile de le préciser. A la mort du dernier de St-Germain, arrivée le 23 avril 1803, le domaine se composait comme il suit : Château, retenue, herbage des *Paitis*, ferme du Plant, celle des Terriers et celle de la Bunodière, le bois d'Athis, deux étangs, le moulin des Vaux-de-Vère (1) et diverses fieffes qui ne s'élevaient guère au-delà de deux cents livres. (Déclaration à l'enregistrement).

(1) Le moulin des Vaux-de Vère était le moulin banal de la seigneurie d'Athis. Les bâtiments ont été conservés, le cours d'eau a été utilisé au tissage du même nom. Ceux qui ont dirigé ce moulin, au XIXe siècle, furent les Salles, les Jenvrin qui vinrent de la Fressengère avec leurs sept garçons, et enfin Moulin qui vendit ses *trous* à cornes en disant : « Qui a ses cornes, tout le monde en est-il muni ? »

Le 15 germinal, an V, en la ville de Caen, Gaspard de Robillard épousa Renée Suzanne Collette de Saint-Germain, née le 5 octobre 1780, à Entremonts (1). Il aliéna la terre d'Athis vers 1825 (2).

Les marchands de biens du Mans qui se portèrent acquéreurs en ont disséminé les lambeaux aux quatre vents du ciel.

Les trois rues Buon, des Terriers et du Château qu'ils tracèrent à travers la retenue, leur permirent de multiplier les parcelles. L'étang du Vivier fut desséché. Celui qui avoisinait le château et un autre dont on voit encore la chaussée entre Queue-d'Aronde et Treillebois, l'avaient été précédemment.

Le château que Pierre de St-Germain avait fait bâtir peu avant la Révolution, dans le style Louis XVI (3) n'avait plus sa raison d'être. On le démolit. Les Delozier en utilisèrent les matériaux pour leurs maisons du Vivier.

(1) Pierre-André-François de St-Germain et noble dame Eulalie-Félicité-Perpétue de La Lande St-Croix habitèrent Entremonts jusqu'à la mort de Jean-François-René de St-Germain, seigneur et patron d'Athis, chevalier de l'Ordre Royal et Militaire de St-Louis, ancien capitaine du régiment du Roi (infanterie) et pensionnaire de sa majesté. Il mourut le 11 août 1782. Son inhumation fut présidée par Maître Rozel de Beaumanoir, curé de Montilly. Mme Eulalie-F.-P. de St-Germain, après avoir habité Caen pendant la Révolution rentra à Athis en 1800, après son veuvage (1803) elle s'en alla à Brevaux chez sa fille et finit par se retirer à Argentan où elle est morte le 3 janvier 1830. Elle était née à Ouilly-le-Basset, le 28 novembre 1748.

(2) Gaspard de Robillard habitait le château de Brévaux et la ville d'Argentan (rue Traversière), dont il fut le maire sous la Restauration. (Il est mort à Falaise, le 4 juillet 1847.) — Il eut deux filles, d'où les de Beaurepaire et les de Postel, les de Cauvigny et les de Blimont, et trois fils. Gaspard aimait beaucoup Athis. Il s'opposa à sa vente de tout son pouvoir, mais il était chétif, bossu, presque nain. Quand il mourut, à l'âge de 33 ans (oct. 1835), il demanda à être inhumé à côté de son grand-père de Saint-Germain, mort le 3 floréal, an XI (23 avril 1803). Son frère Edmond est mort à l'Ecole de St-Cyr vers 1820. Gaspard-Gustave, le père de Mme la comtesse de Tertu, naquit à Argentan, le 25 mars 1805. Mme de Robillard est morte à la Miséricorde de Séez, le 20 octobre 1867.

(3) Une lucarne qui a été placée à la maison Moulin ; les têtes de cheminées qui couronnent les anciens communs du château et les moulures de la porte du Champ-Rond ne laissent aucun doute sur ce point.

Plusieurs les imitèrent. Les beaux morceaux de granit allèrent à Condé-sur-Noireau. La grille fut acquise par M. Le Gonidec, de la Poupelière. La porte d'entrée se voit encore à la maison Fauvel, du Champ-Rond.

Les ouvriers se mirent en besogne en 1826. Leur travail était déjà bien avancé lorsque, le 20 septembre, trois ouvriers furent pris sous les pans du mur qu'ils avaient sapé. Gillain en fut quitte pour quelques égratignures, Daniel Hubert eut les deux jambes broyées, Pierre Lebon fut tué (1).

Le fief et le château de St-Vigor d'Athis n'existaient plus. La bande noire (2) n'avait pas d'autres procédés. Le nombre des domaines qu'elle a dépecés et celui des châteaux qu'elle a démolis est considérable. Nous regrettons celui d'Athis. Il serait le fleuron d'une bourgade qui ne possède plus de monuments (3). Nous regrettons davantage ces nobles seigneurs qui, nous le verrons au cours de ce récit, furent les bienfaiteurs de l'Eglise, la providence des pauvres, les défenseurs des faibles et traitèrent leurs ouvriers et serviteurs avec des égards paternels.

M. de la Ferrière a raconté comment M. d'Athis s'était permis de faire de sages remontrances au marquis

---

(1) Daniel Hubert était l'homme d'affaires, et son frère, le père de Mme François Coulombe, cuisinier-chef.

Pierre Lebon avait 43 ans. Il avait épousé Anne Husset, de Laigle, femme de chambre de Mme de Robillard. Il avait eu le pressentiment de ce qui devait lui arriver. « Mon travail est dangereux, avait-il dit à un de ses voisins, si je mourais, ma femme serait bien embarrassée, nous avons déjà trois enfants et je la crois enceinte. »

Daniel Hubert reçut gratuitement les soins du chirurgien Fauvel et du docteur Liard, maire d'Athis depuis la mort de Pierre-Nicolas Chauvin.

(2) On appela ainsi la société des hommes qui, au commencement du xixe siècle, achetèrent et morcelèrent les grandes propriétés.

(3) M. de Robillard fit en même temps une bien mauvaise opération. Athis, une fois vendu comme propriété trop éloignée, il acheta, à Glos-la-Ferrière une terre ruinée qu'il revendit à pertes après l'avoir améliorée à **grands frais.**

de Ségrie sur quelques sévérités dont le bruit était parvenu jusqu'à lui.

Il n'est pas hors de propos d'y joindre celles qu'il renouvela à l'occasion d'un fait de braconnage assez mouvementé.

Peu avant 1789, le baron de Rouvrou, fils du marquis de Ségrie, vint chasser sur les terres du seigneur d'Athis. En arrivant sur la ferme des Champs, il aperçut un braconnier qui fuyait lestement en côtoyant les haies. Le baron montait un vigoureux coursier, il se mit à sa poursuite en lui disant : « Arrête, méchant garnement, je te le commande ! Tu n'as pas le droit de chasser ici. » Le braconnier fit le sourd, espérant bien gagner les limites de la ferme avant d'être rejoint. Mais en deux bonds, le baron fut près du fugitif. Celui-ci se redresse alors et, parlant en maître à son tour, il lui cria : « Si tu passes cette barrière, je te brûle la cervelle. » Le baron était gentilhomme et officier. Pensant être déshonoré en reculant devant les menaces d'un roturier, il piqua des deux et franchit l'obstacle. On entendit en même temps un coup de fusil. La charge, faisant balle, avait coupé une oreille du cheval et abîmé la coiffure du cavalier. Le baron, courroucé, se précipita sur son meurtrier et le cravacha avec furie. Le coupable était un Retout, de la Tellerie.

M. de St-Germain s'interposa, conseilla la clémence et voulut étouffer l'affaire. Le baron ne voulut rien entendre. Afin de mieux humilier son assassin et de terrifier ceux qui seraient tentés de l'imiter, il le fit attacher à la queue de son cheval et le conduisit lui-même à Harcourt où il le remit entre les mains des gens de justice.

Vers le même temps eut lieu un autre fait de braconnage presque aussi mouvementé. Le chasseur, Pierre Piel, de la Boiterie, après avoir tiré sur le baron de

St-Sauveur, put s'échapper et se rendre immédiatement à Condé-sur-Noireau où il se fit enrôler comme soldat. De St-Sauveur arriva sur les entrefaites et réclama le coupable. Il était trop tard. Il appartenait à l'armée. Piel en profita pour le narguer et lui jeter à la face de nouvelles et terribles menaces.

M. de St-Germain avait beau s'interposer et conseiller les ménagements et la douceur, ses voisins ne voulurent pas l'écouter.

Si le seigneur d'Athis osait faire des remontrances à ses pairs, il écoutait volontiers celles qui lui venaient de ses inférieurs.

Claude Bohard, de la Barbotière, avait été accepté au logis par charité. On en fit un valet à tout faire. Il s'en tira souvent d'une manière amusante.

Son maître lui fit apporter d'Argentan, pour régaler les servantes d'Athis, une ou deux douzaines de grosses poires. Un panier aurait été gênant. Ses camarades lui attachèrent le bas de son pantalon et les poires s'y engouffrèrent à plaisir.

Quand les enfants du château allaient au bois, Claude avait la charge de stimuler les montures. Il le faisait de manière que l'on pouvait attribuer les mots grossiers aux ânesses ou aux enfants.

Un jour de septembre, Madame pria Claude de lui convoquer cinq ou six fainéants pour le lendemain. Elle voulait battre son sarrazin. Le lendemain, vers 11 heures, Madame vit arriver le baron de St-Sauveur, MM. de la Boderie, Legonidec et Lefèvre. Elle les reçut avec sa bonne grâce habituelle, et s'amusa beaucoup de son Claude. D'après lui, on ne pouvait trouver plus fainéants que ces Messieurs qui ne travaillaient jamais.

Lorsque Madame fut en mal d'enfant, on mit une longue perche aux mains de Claude qui avait la manie de pénétrer partout et, pour l'occuper, on lui commanda d'aller frapper sur les bords de l'étang et de faire taire les grenouilles. L'étang était grand et les grenouilles peu raisonnables. Claude frappait à droite et courait à gauche. Finissant par s'impatienter, on l'entendit répéter : « Mais tais-toi, bavelle, que l'autre accouche. »

Tels étaient nos seigneurs. Ils pensionnaient même leurs anciens serviteurs (1).

2. Le fief du Buat, près de la ferme de ce nom, allait des Vallées au moulin banal du Buat, sur la Vère, là où on a bâti depuis la filature du même nom. En 1789, cette terre appartenait aux de Baglion, de Mayenne. Ceux-ci l'avaient reçue de Pierre Auvray (1661) et de Guillaume d'Isigny (1257). A la fin du xviiie siècle, le château était inhabité. Après l'incendie dont nous parlerons, la propriété entière fut mise en vente et en partie achetée par la famille Yver, de Ronfeugeray (2).

3. Le Fief de la Fressengère joua un grand rôle dans la contrée. Nous le verrons plus tard en faisant l'histoire du protestantisme. Un de ses premiers possesseurs fut Guillaume Trésor. Les de Sarcilly succédèrent à cette famille en 1488. Jacques fils de Jean, et beau-frère de Payen de la Poupelière, devint fameux pendant les guerres de religion. Après plus d'un siècle, les de Sarcilly furent remplacés par les de Neuville, qui bâtirent, à Launay-Derne en 1761, le château où l'on peut admirer le bel agencement du fronton, une plaque de cheminée en fonte et, dans le salon, des médaillons d'une composition payenne. Les communs de la ferme de Launay et la maison d'habitation de la Fressengère, portent les dates de 1769, 1773, les initiales L.-I. de N. (Louis de Neuville) et les deux mots latins : *me fecit.*

Sa fille épousa Piniot des Girondin en 1783. Par son

---

(1) Mme Marie le fut pour avoir soigné M. de St-Germain.

(2) Yver revendit la Tantinée, une partie du Rocher-Nantreuil, la Busne-lière et le moulin banal. Ses descendants possèdent encore la ferme du Buat.

mariage avec Mlle de Girondin, M. Delaunay de Flers eut Launay-Derne, qu'il transmit à son gendre, M. Lartigues, capitaine-adjudant-major (1). Le château et la terre ont été vendus récemment.

4. Les Boots (2), qui furent la dot de Catherine de Renneville, sont passés des de Pellevé aux d'Olliamson et depuis à beaucoup d'autres. La famille Collet, qui vient de quitter cette ferme, a eu sept maîtres différents depuis les d'Olliamson qui habitaient St-Germain-Langot.

5. Le fief d'Epinouze (1/2 fief de haubert) allait de la Saumonnée à la Bonnefière. Nous voyons parmi ses possesseurs, Philippe de Hurupel, le roi (1255), les de Rohan (1450), Guillaume de Rieux, les de Grésille et, pour une petite part, Poret, sieur de la Joserie.

6. Le dernier fief, Planquivon, relevait de la seigneurie de Samoi, en Saint-Pierre-du-Regard (3).

Le fief de la Poterie, en Ste-Honorine-la-Chardonne, avait chez nous une extension au Meslier, à la Cerfetière, à la Quesnellière.

La Guillotière était aux Drude et aux de Campignolle. La Dorionière et la Raffinière aux Le Comte, écuyer.

II

A côté des Fiefs

Les grands fiefs paraissaient englober et englobaient, en effet, tout le territoire d'Athis, puisque nulle terre

---

(1) M. Lartigues était né à Marseille. Il est mort le 26 avril 1849. Sa veuve a laissé sa fortune aux neveux de son père.

(2) Vardon Launay acheta les Boots 40,000 francs. Ils appartiennent maintenant à la famille Daligault de Flers.

(3) Planquivon avait son moulin banal. Un de Prépetit portait ce nom pendant la guerre de la Chouannerie. La vallée de la Vère possédait sept moulins féodaux depuis le Pont-Gras jusqu'aux Vaux. Auprès de la Martinique, le Moulin-Foulon était tenu par Jacques Prime, en 1780.

n'était sans seigneur. Néanmoins, beaucoup de fermes, petites ou grandes, avaient été cédées à des époques plus ou moins lointaines, pour de modestes redevances. Celles qu'ont achetées M. Hardy-Lafosse et ses ancêtres, de 1800 à 1836, appartenaient, excepté celle de la Bourdonnière, à des roturiers.

A la Jouannière, la famille de Graindorge (1) avait bâti, au début du seizième siècle, un assez vaste logis. Il était à l'extrémité des bâtiments actuels. En 1618, voulant agrandir leur demeure, ils commencèrent la nouvelle habitation que l'on voit encore. La cheminée fut travaillée avec soin, les portes furent ornées d'accolades et les fenêtres ouvragées suivant le style de l'époque. Elles avaient été disposées de manière à éclairer le premier étage, mais ni la chambre ni la salle ne furent terminées. L'industrie des forges, que les petits seigneurs avaient établies sur le ruisseau du Pré de la Chiennerie et dans le Champ de la Forge, n'atteignit pas les résultats espérés. Les forges furent abandonnées (2). On en a retrouvé souvent les scories et divers débris. Les revenus ayant été supprimés, les de Graindorge vivotèrent misérablement, tirant de leur modeste territoire toutes les rentes possibles. Mais leur logis fut bientôt mal entretenu, la maison neuve servit de poulailler, le jardin que l'on distingue encore à sa forte haie de buis, perdit ses charmilles et sa salle verte. Tout tomba en ruine.

Louis de Graindorge mourut à la Jouannière, âgé de 78 ans, le 13 mai 1782. Sa fille, Jeanne-Charlotte de Graindorge, épousa un roturier du pays de Vassy, Charles-Bernardin Moulin et quitta le domaine de ses pères qui fut vendu peu après, mais à la mode ancienne, par fief. La famille Delozier, en fit l'acquisition et, pen-

(1) Les de Graindorge ont tenu le notariat de La Carneille.

(2) Il y eut également des forges, à la Seigneurie des Boots.

dant longtemps, elle a servi aux héritiers de Charlotte de Graindorge une rente assez forte. Quelques membres de la famille la servent encore. Le 23 mars 1790, Messire François-Alexandre-Marc de Graindorge, écuyer, sieur de la Jouannière, demeurant dans la paroisse de N.-D. de Tinchebray, oncle de Jeanne-Charlotte, avait déjà vendu une portion de sa terre à Jean Bohard, armurier au bourg d'Athis. Celui-ci la revendit, en l'an X, à Louis Delozier. Cette parcelle joûtait M. Huscenot, médecin, petit-fils de celui qui avait épousé Mlle de Montbray, du Rocher-Nantreuil.

Le Rocher-Nantreuil possédait deux logis ; le plus ancien appartenait aux de Montbray, qui fournirent plusieurs tabellions à Athis et deux curés à Sainte-Honorine. On voit encore une partie de leur habitation à l'un des angles de la cour Planchon. La vieille maison du XVIe siècle, trop considérable pour les descendants et héritiers des de Montbray, a été pour moitié détruite et pour moitié convertie en grange. Cette famille s'éteignit en 1733. L'une des trois filles du dernier des de Montbray, Marguerite, épousa Huscenot, sieur des Vallées, Anne, la seconde, Lemonnier, sieur des Crières (1), et Marie, la troisième, L. Blin, sieur de la Maroire.

Les partages qui eurent lieu en 1733, et ceux qui se sont succédés depuis, ont mis en miettes cette ancienne propriété. A côté des de Montbray, en se rapprochant des terres de la famille de Graindorge, dans le vaste logis Louis XIII que les héritiers de Louis Madelaine ont abandonné et vendu il y a environ soixante ans, vécurent au XVIIIe siècle Gabriel Turgot, et plus tard, jusqu'au 3 juin 1789, Julien de la Ferrière, son gendre (2).

(1) Les Lemonnier, des Crières, sont venus de Caligny.

(2) Julien de la Ferrière était très lié avec Nicolas de Graindorge sieur du Vivier, mort le 22 août 1774. La fille du sieur du Vivier était marraine quand de la Ferrière était parrain. Ces deux maisons furent détruites en

La demeure, restée entière, appartient maintenant à plusieurs propriétaires. La cheminée de la grande salle a des ornementations et des moulures en bois du genre Louis XIV. En arrière du logis, on avait étagé des jardins sur la colline voisine pour l'agrément des Châtelains.

La famille Blin avait une fortune considérable. Délaissant les hauteurs de la Maroire, elle fit construire en 1668, le château des Vallées. Pour pouvoir juger l'œuvre de Louis Blin, il faudrait reconstituer par la pensée, les jardins, les bosquets et les lignes d'arbres qui accompagnaient la demeure et en faisaient une charmante oasis. L. Blin avait le goût du beau et aimait la grandeur. Il n'oublia qu'une chose : de suivre le conseil de l'évangile et de compter ses ressources. Ses ressources étant insuffisantes, le château demeura inachevé et bientôt il fallut le mettre en vente et regagner « la masure de la Maroire ».

Les Liard, qui revenaient d'Amérique avec une fortune considérable, en devinrent acquéreurs. Ils purent même y ajouter la Bissonnière, la Motte, le Rocher de Sainte-Opportune et autres terres. La Bissonnière fut perdue dans une partie de cartes par Joseph Liard, le frère du petit docteur (1).

Chauvin, le grand-père du pharmacien, qui avait reçu le château des Vallées en dot, fut obligé de le mettre en vente (2) pour en partager le montant entre ses enfants.

---

même temps. Louis Madelaine fut à même d'acheter la Chiennerie (ainsi nommée à cause du chenil), qui appartenait aux de Graindorge, où le Rocher-Nantreuil. Madelaine se décida pour le Rocher, dont l'habitation était confortable. Plus tard, la Chiennerie fut vendue 36,ooo francs à la famille Fauvel.

(1) Il y a peu d'années, un jeu de bourse a forcé le nouveau propriétaire à aliéner la Bissonnière.

(2) Il a été acquis par M. Dugué, de Flers, qui fut aidé, en cela, par son beau-père Chapelle, de Landigou.

Une des filles Liard épousa **M.** Paysan, de Caen (1); le docteur Liard a transmis sa part à son fils, l'ancien major-chirurgien des carabiniers du second Empire (2).

A la Durandière, en face et tout près de l'ancien étang, les Pringault possédaient un assez joli manoir, il a été détruit vers 1850. Au moment de la Révolution, cette vieille famille n'était plus représentée à Athis que par une seule demoiselle, cousine ou sœur, de celui qui se disait sieur du Coisel et était notaire à Athis en 1780. Cette sainte personne qui demeure, par ses fondations, la bienfaitrice de nos pauvres (3) fut la protectrice des prêtres pendant les mauvais jours. Elle pria ses fermiers des Avenages, de la Blanchardière, de la Guimondière, de la Ribardière et de la Rébrie, de se dévouer à cette sainte cause. Elle fut écoutée et donna l'exemple, comme nous le verrons plus tard.

III

Les Demeures

Les grands et puissants seigneurs n'ont jamais résidé sur le territoire d'Athis. De bonne heure, la propriété y fut morcelée. Nous ne possédons par là même ni vieilles tours, ni redoutables donjons, ni châteaux à murailles épaisses. En revanche, on découvre assez souvent, dans les anciennes gentilhommières disséminées un peu par-

---

(1) Ce M. Paysan a vendu la terre de la Motte en 1830.

(2) Le docteur Liard, habite la ville de Caen, rue Saint-Jacques.

(3) A la fin de la Révolution, Mlle Pringault se retira à Caen, M. Hamon, son fermier de la Rebrie, et plus tard de la Blanchardière. devint son homme de confiance. Elle lui céda et vendit la belle terre de la Blanchardière, dont l'étendue était alors très considérable, puisqu'elle comprenait les biens des Collet, des Bernet et des Chauffrey. L'acte de vente contient, dans l'une de ses clauses, une rente perpétuelle de 400 francs à distribuer chaque année aux pauvres de la commune d'Athis. Elle a été réduite à 331 francs.

Les Pringault, de la Lande-Patry, sont de la descendance du notaire qui eut huit enfants, l'une des filles devint Mme Foucault-Desnos.

tout, des portes, des fenêtres, des tourelles et surtout des cheminées, qui ne manquaient ni de caractère ni d'intérêt (1).

La contrée fut, au seizième siècle surtout, sillonnée par des escouades d'ouvriers d'un réel talent. La chapelle des de Corday, à Bréel, les communs du château de Ségrie-Fontaine, le chœur et les chapelles de l'église de Ste-Honorine-la-Chardonne (2), les fenêtres de l'ancienne église d'Athis, celle de la chapelle des Payen, de la Poupelière, sont irréprochables sous tous les rapports. De nos jours, on ne pourrait concevoir mieux, on ne l'exécuterait pas avec plus de perfection. Il y a, à Bréel, des têtes et des bustes qui mériteraient l'honneur d'un moulage. A cette époque, le granit ne rebutait nullement la patience des artistes. Le fer n'était pas travaillé avec moins de goût et d'habileté. Les deux fenêtres de la Guillotière en sont une preuve incontestable.

A côté des châteaux dont nous avons parlé plus haut, se voyaient un peu partout des gentilhommières assez anciennes. Elles mériteraient qu'on leur consacrât quelques lignes puisque presque toutes ont été le théâtre de faits plus ou moins tragiques. Contentons-nous de signaler les principales : La Motte, où furent assassinés Mathieu et Jean Lebailly, le 29 mars 1692 (3) ; la Retoudière, que construisit Daniel Mollet, en 1732 ; les Boots, qui se distinguent par la masse de leurs constructions ; la

(1) Voir les Tourelles des Champs, de la Tarilée et de Laumière, elles se ressemblent beaucoup. On trouve des cheminées à Laumière (Hesnard), au Rocher d'Epinouze, à la Bunelière (Husnot), au Buat, à la Jouannerie, à la Gontrie et dans presque tous nos villages.

(2) Les armes des seigneurs étaient placées aux clefs de voûte, celle des Payen a été descendue et placée respectueusement et bien en vue au pied d'un des contreforts de l'église.

Bréel et Ste-Honorine possèdent des piscines et des crédences de la même époque.

(3) L'escalier en bois, qui de la chambre monte au grenier, est très curieux.

Morinée, où vécurent les Paildieu des Acres ; les Champs,
qui furent visités par les faux Chouans ; la Dorionière et
la Raffinière, où habitèrent les Le Comte, écuyers (1) ;
la Quenellière et le Meslier, où les Lefèvre, parents des
La Boderie, séjournèrent au siècle dernier (2) ; la Guillotière, qui fut visitée par des brigands.

Au village de Laumière, restent deux maisons
anciennes : la première, la ferme, a des points de ressem-
blance avec celle des Champs ; la seconde est habitée
par un ouvrier nommé Bohard (3).

La Porcherie, qui appartint à Jean Campigné jusqu'en 1847, était la plus belle et la plus commode des
fermes d'Athis (4). On y voit encore de vieilles constructions, de vastes jardins et des débris d'avenues.

Le Rocher d'Epinouze était la propriété de Marchand
Lafosse, blanchisseur, marchand de toiles et cultiva-
teur (5). A la Guesnonière, il y avait les logis des le
Harivel et de Jean Hardy (6). Le haut du village du

---

(1) La maison de la Dorionière, restaurée, conserve des parties anciennes,
fenêtres et cheminées, encorbellement et une tourelle d'angle.

(2) La Quenellière est une propriété importante, la maison de maître
est très vaste. Les Lefèvre qui la possèdent paraissent être ceux qui habitèrent la Poterie, l'un d'eux réside au Hamel de Berjou. Les La Boderie,
dont la Poterie fut une des terres, étaient des Lefèvre.

(3) Cette maison était habitée en 1790 par deux frères Hesnard qui, je
ne sais pourquoi, furent portés émigrés.

(4) Les fils de Jean Campigné, Abraham et Emmanuel étaient libraires
à Paris, leur mère s'appelait Louise Husbrocq.

(5) C'est ce Lemarchand qui a fait en partie la fortune de son gendre,
Jean-Daniel Hardy-Lafosse. Il avait alors seulement 400 livres de rentes.
Il se fit blanchisseur, gagna de l'argent, acheta et fit disparaître les six à
sept petites maisons de son village et commença à bâtir son logis en 1809.
La ferme du Rocher d'Epinouze fut acquise en juillet 1824, de M. Cornu
(La Lande-Patry). En 1838 il acheta, au nom de M. Hardy, à M. de la
Rochelle, de Bernières, la ferme de la Bourdonnière. Il possédait déjà les
Champs et le Rocher-Meric.

(6) Jean Hardy fit pendant la Révolution des excursions lucratives en
Bretagne et en Vendée. Son commerce fut audacieux. Il spécula sur les
assignats avec profit. Son fils, Pierre Hardy le Bossu, épousa M\ue Brisset
et fonda la filature de la Martinique ; son autre fils, Jean, a donné le jour

Maison de la Durandière

Linteau de la Porte

Cheminée

F. Pignard

Poirier était occupé par le castel et les dépendances de la famille des Brocardières (1).

Enfin la Durandière, qui devint la résidence du riche Hamon (2). Sur la cheminée de ce logis on voit, au centre, un calice surmonté d'un pain losangé. Deux oiseaux chimériques s'y désaltèrent, deux autres placés en arrière, sur de hauts perchoirs, semblent porter envie aux premiers.

Aux deux extrémités, des chimères symboliques, peut-être des dauphins couronnés et couchés sur le dos, reçoivent à contre-cœur la vertu et la doctrine que leur communique un être dont la tête se trouve au-dessous du calice.

Le tout est agencé avec goût et très convenablement gravé. Les montants de la cheminée ont la forme de pilastres. Chacun des corbeaux porte une fleur de lys et de jolies moulures. Sur le linteau de la porte d'entrée, on remarque à gauche, un âne emporté par la gaieté et

à Daniel, qui a joué un rôle politique important dans le canton d'Athis. Jean Hardy, en mars 1826, fit donation à ses deux fils : 1° de la Guesnonière ; 2° de la Heuzelière ; 3° de la Mazure ; 4° de Laumière ; 5° du Moulin d'Epinouze ; 7° de la Mancellière ; 8° de la Valette ; 9° de Launay ; 10° de Blanc-Epinette et de beaucoup de pièces détachées.

(1) Les dépendances du logis des Brocardières étaient importantes. On y voit encore des portes cintrées et moulurées. Pierre des Brocardières acheta la grange dîmeresse, qui a été remplacée par l'hôtel du Lion-d'Or et la Mairie. Il bâtit les maisons Lemarchand et Paris, obtint, le 11 vendémiaire, an II, liquidation des rentes dues par lui à la Fabrique et spécialement celle fondée par Jacqueline de Montbray, le 6 octobre 1680, en présence de Pierre de St-Germain, curé du lieu. Malgré son commerce, il finit par compromettre sa fortune.

(2) Le riche Hamon eut un fils, François. On en fit un capitaine de garde nationale, et trois filles, mariées l'une à Louis Madelaine, du Rocher-Nantreuil ; la seconde à Jean Madelaine, des Bourses ; la troisième à Canut, de la Guimondière. En 1753, Nicolas Hamon cultivait la Durandière, au compte de Pierre Blin. Au XVII° siècle, le propriétaire était Jean Lebailly, dont la fille Isabeau épousa Nicolas Madelaine. La veuve de Jean Lebailly eut pour second mari Pierre Blin, elle s'appelait Anne Brisset. En 1782, cette terre fut vendue en partie par Jeanne de Brisset, de Thibouville, veuve de Tanneguy, du Vey, patron de Caumont-sur-Orne, à Henri-François Pomponne, comte d'Olliamson, seigneur des Boots, résidant à Caligny.

caracolant dans la prairie. Au milieu, la date de 1634, et en dessus une belle fleur de lys accompagnée de deux têtes du même.

A droite, un coq boit dans une coupe comme sur la cheminée.

Enfin, de chaque côté du motif central, sur deux rectangles, se trouvent des initiales qui doivent signifier : Madelaine Durandière et Isabeau, née Lebailly-Brisset. Un auvent qui repose sur de jolies consoles abrite le tout.

Au sentiment de M. F. Pignard, élève de l'Ecole des Beaux-Arts et 3e prix au concours de Domfront, la cheminée de la Durandière mériterait une place dans un musée.

Ces habitations, plus ou moins confortables, abritèrent des membres de la petite noblesse, de riches bourgeois, des chirurgiens, des tabellions et hommes de loi.

De cette manière, la commune avait une apparence riche. Une quarantaine de maisons fortunées donnaient de l'animation à toute la contrée. L'intendant de Caen en fut frappé et affirma, dans son rapport de 1760, que le commerce était prospère à Athis. Et pourtant, dès cette époque, une partie du sol était aux mains de personnes étrangères. L'écuyer, M. de Baudre, de Brésolles (1), possédait une terre à la Guimondière et elle était joutée par une autre qui appartenait à M. du Bois-André. Ces biens relevaient des seigneuries des Boots et du Buat. Or, les seigneurs des Boots et du Buat n'habitaient plus le pays. Beaucoup d'autres les avaient imités ou s'apprêtaient à le faire.

A côté des riches, il y avait un peuple de mendiants qui était loin d'être intéressant. Il inquiétait même très

(1) Eure-et-Loir.

fort le Curé d'Athis, maître Constantin de la Boderie, qui signala le danger dans un rapport adressé à Monseigneur l'Evêque de Bayeux (1), le 31 décembre 1774.

(1) Ce rapport a été publié par le R. P. Bernier. Tiers-Etat rural.

CHAPITRE II

Seigneurs patrons

Avant la Révolution, la nomination des curés et desservants ne suivait pas la marche que l'on pratique de nos jours.

Maintenant, les Evêques mettent à la tête de toutes les paroisses de France les prêtres qu'ils en jugent capables. Ils désignent également et proposent à l'agrément du Ministre des Cultes les sujets qui doivent occuper les cures et les doyennés. Autrefois, les bénéfices étaient à la présentation d'un seigneur temporel ou d'un ordre religieux. L'Evêque se réservait le droit d'examiner la science et les vertus du prêtre proposé et, quand rien n'y mettait obstacle, il donnait l'institution canonique.

Au xviiie siècle, le seigneur patron d'Athis était un de Saint-Germain. Jean-François-René de Saint-Germain avait choisi pour curé d'Athis Constantin de la Boderie, ce prêtre distingué auquel la paroisse doit ses trois anciennes cloches (1777), les quatre confessionnaux qui viennent d'être remplacés (1), la restauration du chœur et le rapport dont nous avons parlé plus haut.

Auparavant, le 10 juillet 1475, le vicaire général de Bayeux avait délivré un visa à Robert de la Mare, chanoine de Rouen, pour la cure d'Athis, à laquelle il avait été nommé par Richard des Hayes, procureur de vénérable et circonspecte personne, Jean Chrétien, prêtre,

(1) Ils avaient été faits par Jean-Antoine du Ché... en 1776. (Inscription).

seigneur du Barquet, de Launay-Derne, des Boots et d'Athis, les 24 avril et 26 mars 1475. Il en expédia un autre, pour la même cure, vacante par le décès du précédent, à Jean Chrétien lui-même, sur la présentation de Jean du Bec, chanoine à Bayeux, établi son procureur.

L'an 1502, il s'éleva une contestation entre trois gentilshommes, héritiers de Jean Chrétien, pour le patronage de cette cure : Béatrix d'Aulge, veuve de Richard d'Aulge, écuyer, et Richard, son fils ; noble homme Jean de Nantreuil, écuyer (1), et Philippe de Renneville, sieur du Barquet. L'affaire fut portée devant Josel, lieutenant général du bailly de Cotentin et commissaire en cette partie du bailly de Caen. Celui-ci, après avoir examiné les droits des parties, jugea en faveur du seigneur du Barquet, et, en conséquence le grand vicaire donna son visa, daté du pénultième d'octobre 1502, à Simon de Renneville, prêtre, nommé par le dit seigneur du Barquet.

Quand la seigneurie d'Athis passa dans la maison de Saint-Germain, par le mariage de Jean-Paul de Saint-Germain, seigneur d'Entremont, avec Gillette de Renneville, fille et héritière de Guillaume (15 août 1618), le droit de patronage fut également contesté à messire de Saint-Germain. Un arrêt du Parlement de Rouen, du 8 février 1634, le confirma dans son privilège. Il put donc proposer à la cure, en 1648, Jacques Héron, sieur de la Rousselière et curé de Beauvain (2). Sa veuve, Gillette de Renneville, le fit à son tour en 1659, Louis de Saint-Germain en 1682, Pierre en 1707. Pierre de Saint-Germain nomma Pierre Chauffray. En 1733, André proposa Thomas Houvet de la Huberdière (3). Après la mort de

---

(1) C'est ce seigneur qui fit probablement construire le logis du Rocher Nantreuil, qui, depuis, a porté son nom.

(2) Jacques Héron fut un prêtre très zélé. Il avait fondé à Beauvain une école gratuite ; à Athis, il a converti un grand nombre de protestants.

(3) Nous devons la plupart de ces renseignements à l'obligeance de M. Gaston Le Hardy des Roots, dont la famille est originaire d'Athis.

messire Constantin de la Boderie, arrivée le 4 avril 1777 (1), le nouveau seigneur, Pierre de Saint-Germain, fit placer à la tête de la cure d'Athis, maître Julien-Denis Grandpré (2). Malheureusement, la santé de M. Denis n'était pas robuste. Son prédécesseur avait succombé à l'âge de 59 ans, lui s'éteignit à 45. Son inhumation fut présidée par M. Brisset, curé de la Bazoque et doyen de Condé, en présence de M. Fouquet, curé d'Aubusson, et des trois vicaires d'Athis, Fr. Guérin, Gilles Lechevrel et Jean Houel (avril 1786) (3).

Ce fut alors que messire Pierre de Saint-Germain présenta maître Claude-François Josset.

La cure d'Athis avait peu ou point de revenus

---

(1) M. de la Boderie fut inhumé au chœur de l'église par Rozel de Beaumanoir, curé de Montilly, et MM. Houvel et Eustache, curés de Sainte-Honorine. Il y avait alors deux curés en cette dernière paroisse. M. de la Boderie avait fait réparer le chœur en 1757. Un membre de sa famille avait été curé de Sainte-Honorine et avait converti de nombreux protestants.

(2) M. Denis était de Condé-sur-Noireau ; son père était un personnage. Ses compatriotes l'établirent maire de leur cité. Louis-Fr. Legrand, écuyer, sieur d'Aneville, près Falaise, obtint la main de sa nièce. Le mariage fut béni à Athis, le 11 janvier 1779, au milieu d'une assistance choisie.

(3) A la suite de l'acte de décès de M. Denis, nous lisons : « Et à l'ins-« tant avons établi pour desservants et vicaires de la dite paroisse, MM. Gilles « Lechevrel, F. Guérin et Jean Houel, et avons confié au dit sieur Lechevrel, « desservant, du consentement du seigneur de la dite paroisse et des princi-« paux habitants, les registres de la dite paroisse qui commencent depuis « 1598 jusqu'à ce jour, à charge au dit desservant de les représenter toutes « fois et quantes à qui il appartiendra, ce qu'il a signé avec nous. »
Maître Julien Denis, sieur du Grandpré, avait été institué le 26 juin 1777, à la présentation de Jean-F. de Saint-Germain, datée du 21 juin, vu la mort de M. Constantin de la Boderie (Arch. de l'Ev. de Bayeux). La prise de possession eut lieu le samedi 28 janvier, avant midi ; l'acte en fut dressé par M° Vautier, notaire à Bayeux, en présence de M. de Saint-Germain, de Jean-Jacques-F. de Brossard, de noble dame Jeanne-Angélique de Désert, du mari de cette dernière, Jacques-Charles de Massy de Cœur-Doux, de Julien de la Ferrière, sieur de Fougerets, de vénérables et discrètes personnes Gilles Lechevrel, F.-Grégoire Guérin, prêtres-vicaires ; Gabriel Lecois, cha-pelain de la paroisse (1) ; Pierre Chauvin, F. Huet, Louis Lepeltier, Fr. Pilastre, tous d'Athis ; et Louis-Julien-Denis des Rivières, Julien-Denis Grandpré, de Condé.

(1) Gabriel Lecois avait succédé à Gabriel Letimonnier, inhumé dans la nef, âgé de 78 ans, le 21 août 1771, et directement à Jean Bunot, décédé en 1776.

territoriaux (1). Ses ressources lui venaient de la dîme et de son modeste casuel. La grange dîmeresse occupait le terrain où l'on voit présentement l'hôtel du Lion d'Or. Elle longeait le pré qui s'étendait du Vivier jusqu'à l'étang où se reflétaient les fenêtres du château.

M. René de Montbray avait assuré une rente à la confrérie du Rosaire (1661); Mme de Saint-Germain à celui qui tiendrait les écoles gratuitement. Plusieurs avaient fondé des *obits* (2) afin de s'assurer des messes pour le repos de leurs âmes (3).

La vieille église, dont nous parlerons ailleurs, était en ruine et insuffisante.

Le « manoir presbytéral », comme l'on disait alors, était plus que modeste. La cuisine était à droite du grand escalier et la salle à manger à gauche. Au-delà, à l'endroit où M. Lemaître (4) fit aménager une cuisine et sa chambre était le pressoir. La chambre curiale était au-dessus de la salle à manger ; une autre pour les étrangers sur la cuisine.

---

(1) En 1716, on procéda à la location du court champ (en acre), situé sur les chemins de la Pilatrière à Condé, et de Flers au bourg d'Athis, et à celui de la Petite Maladrerie, près le chemin de Flers à Falaise, en faveur du curé et trésor, en présence de maître Chauffray, prêtre licencié, des trésoriers, de messire André de Saint-Germain, chevalier, seigneur et patron, présentateur de la paroisse, de Gabriel Durost, syndic.

(2) *Obit*, du mot latin *obitus*, mort.

(3) Voici, comme mémoire, quelques-unes de ces fondations:

En 1693, les héritiers Blin, dont le dernier était notaire à Barenton il y a peu d'années (sa veuve et ses enfants habitent Lonlay-l'Abbaye), établirent une fieffe de 6 liv. à prendre sur le Champ du Fresne, dépendant de la Mazure de la Maroire. En 1700, Marie Martin légua le tiers de ses biens aux prêtres obitiers d'Athis. Le sergent du lieu fut chargé de la liquidation. En 1760, Guillain Hautrue fit une fondation de 11 liv. 4 s. 6 d. aux mains de M. de la Boderie, prêtre, curé et écuyer. En 1725, le curé Chauffray avait reçu une rente de 36 sols. La liste des fondations qui ont été supprimées par la Révolution au détriment des familles et de leurs défunts est très longue. Nous avons relevé les noms de Gabriel Pelai, sieur de l'Epine et de Jacques Faivre, sieur des Vaux.

La plupart de ces rentes étaient minimes.

(4) M. l'abbé Fr. Lemaître a été curé d'Athis de 1834 à 1864.

Les vicaires avaient pour logement la maison qui est toujours au chevet de l'église. Plusieurs l'appellent encore le petit presbytère.

L'enclos de la cure n'avait pas six ares et devait supporter une servitude assez gênante. Les seigneurs, en effet, avaient le droit, pour se rendre à l'église, de passer par la porte cintrée que l'on voit toujours, et de longer tous les appartements.

CHAPITRE III

La Municipalité

Dès l'année 1787, le gouvernement de Louis XVI avait constitué l'administration des communes avec les formes qui se sont maintenues depuis cent ans. A cet effet, le 14 octobre 1787, il y eut élection des neuf membres de l'Assemblée municipale : Louis *Lefèvre*, sieur du Bois-Bisson, Louis Blin, sieur du Taillis, Jean *Brisset*, Jean Huet, Jean Dumesnil, Mathieu *Brisset*, sieur des Cottis, Mathieu *Vardon*, Pierre *Marchand*-Lafosse et Pierre *Harivel* (1). Six protestants sur neuf élus. Daniel Lebon, de la Vatumerais, fut nommé syndic. Le même jour, il y eut une réunion au presbytère sous la présidence de M. de Saint-Germain, seigneur et patron de la paroisse, chevalier de l'ordre militaire de Saint-Louis. Le syndic se plaça à sa droite et Mᵉ Josset à sa gauche. Louis Mousset fut nommé greffier et eut en dépôt le procès-verbal de la délibération du cinq septembre, un exemplaire d'instructions relatives à l'organisation des assemblées, un autre sur l'assiette des impôts, une copie de la lettre de M. le contrôleur général et autres pièces. Le 11 juin on nomma les collecteurs.

Le 14 septembre, cette opération des impôts n'était pas encore finie. Le 5 octobre 1788 eut lieu la réunion pour la corvée des chemins. Le 6, par suite de change-

(1) Louis Lefèvre habitait la Quesnellière, Louis Blin la Maroire, Jean Brisset la Tribannière, Jean Huet était cordier au bourg (mort en 1822, à l'âge de 72 ans), Jacques Dumesnil à la Craimière, Mathieu Brisset à la Basse-Rebrie, Mathieu Vardon, à la Lysandrée, Pierre Marchand-Lafosse, au Rocher-Epinouze, Pierre Harivel à la Guesnonière.

ments notables décidés en Conseil des Ministres, il y eut défense de poser l'assiette de la taille.

Le 15 février, on promulgua l'ordonnance de M. le lieutenant-général du baillage de Tinchebray, concernant la convocation des Etats-Généraux. Le 23 août parut un décret pour l'établissement de la tranquillité publique. A Athis, on lut le décret et l'on ne fit rien.

Le 6 septembre, il y eut une réunion pour distribuer aux pauvres 161. l. 10 s. 3 d. (remise faite par le roy).

Le 13 septembre, on exposa un projet de confédération patriotique proposée par le Comité général de Vire pour les milices nationales, et l'on se retira.

Le 20 septembre, on nomma les collecteurs.

Le 25 octobre on publia le décret de l'Assemblée nationale concernant la contribution patriotique, réclamant le quart du revenu de ceux qui avaient plus de 400. l. de rentes.

Le 1er novembre, on afficha le décret établissant une loi martiale, et une instruction sur le sel, qui était à six sous la livre.

Le 8 novembre eut lieu le supplément du rôle concernant les ci-devant privilégiés. Ils furent imposés pour les six derniers mois de 1789.

Le 10 janvier 1790, on donna lecture d'un décret de l'Assemblée nationale, ordonnant la déclaration de tous les biens ecclésiastiques et d'un autre décret admettant les non catholiques dans toutes les administrations et emplois civils et militaires (1).

Les lois nouvelles du 6 janvier ordonnèrent la reconstitution des municipalités.

En conséquence, le lundi 15 février, à huit heures et

---

(1) Nous avons vu que sur ce point l'on avait devancé le décret de l'Assemblée. Les protestants furent en majorité dans le conseil dès l'année 1787. Louis XVI avait rendu en novembre 1787 un décret qui annulait ceux de Louis XIV et rendait aux Protestants leur état-civil.

demie du matin, après annonces et affiches, tous les citoyens actifs se réunirent en l'église. Daniel Lebon, syndic de l'ancienne municipalité, donna la lecture des lettres-patentes du roi. Mousset fit ensuite une liste des électeurs par ordre alphabétique. Louis Collin, de Valjoie (1), Louis Marchand de la Quentinière et Pierre Marchand-Lafosse du Rocher d'Epinouze, ayant été nommés scrutateurs, Maître Claude-Fr. Josset fut élu président à la pluralité absolue de 132 voix sur 174 votants et Pierre Nicolas Chauvin Taillis, secrétaire (2).

Tous firent alors le serment de fidélité à la Nation, à la Loy et au Roy, en disant oui et en levant la main, ce qui satisfit infiniment l'assemblée. Ensuite furent élus Lebailly-Meslier, en la première séance ; en la seconde, Louis Madelaine fut choisi comme maire et conduit, par la milice bourgeoise, au fauteuil de la présidence, dans un éloignement assez considérable pour que sa présence ne gênât pas les suffrages. Il fut constaté que la communauté contenait plus de trois mille habitants, sans préciser de combien de cents. En conséquence, la municipalité dut avoir neuf membres, à savoir : Louis Blin, sieur du Taillis ; Jacques Lebailly, sieur du Meslier ; Jacques Dumesnil, Nicolas des Brocardières (3) et Nicolas Husnot du Bois. Les trois membres manquants furent élus le 21 février, à savoir : Louis Huet de la Métairie, Georges Colombes et Jean Brisset de la Trihannière. Le lendemain, on voulut nommer le procureur.

Au premier tour de scrutin, les plus favorisés recueil-

---

(1) Collin était protestant, il habitait la vaste maison que ses parents avaient bâtie en 1635 et qui porte son nom.

(2) Nicolas Chauvin fut baptisé par Th. Houvet, en 1747. Il eut pour parrain Messire André de Saint-Germain, sieur d'Origny, et pour marraine dame Catherine de Brécourt, femme de M. le baron de Saint Sauveur.

(3) Nicolas fut le père de Pierre des Brocardières qui se maria, fit commerce de toiles, de serviettes, et de Jean qui demeura célibataire. Nicolas mourut en 1807, à l'âge de 78 ans.

lirent 15 voix sur 60. Les électeurs n'étaient plus guère fervents. Daniel Lebon en obtint 42 au second tour, et fut proclamé procureur. On désigna ensuite quinze notables. Maître Claude Josset fut élu avec 20 voix seulement.

Le dimanche 28 février, il y eut messe militaire en présence de la milice bourgeoise et l'on se rendit au milieu de la place. Quand on eut fait cercle, M. le Curé, président, fit son compliment à M. le Maire et aux officiers municipaux, « représenta à la commune qu'elle devait se réjouir, et que le serment qui allait être prêté était un gage que le bon ordre serait gardé dans la paroisse. » Et après la prestation du serment, tous signèrent le procès-verbal. Les capitaines de la milice, Liard des Vallées, G. Lemarchand, Vardon, F. Brisset, F. Lebon et F. Hamon furent admis à apposer également leur signature.

CHAPITRE IV

Maître Claude-Fr. Josset

Le 16 novembre 1756, Claude-François Josset naquit à l'ombre de ce vaste domaine que devaient immortaliser les Caulaincourt, ducs de Vicence, et la visite de Napoléon Ier. Sa famille était aisée et jouissait de la considération et de l'influence conquises par la classe bourgeoise aux dépens de l'aristocratie. Son père exerçait la médecine, après avoir reçu ses diplômes de maître chirurgien, dans une Faculté voisine. L'un de ses parents étudia le droit, se fit recevoir avocat et vint se fixer à Domfront. Sa sœur épousa un M. Dupont (1).

La Providence avait été généreuse envers l'abbé Josset. A des dons intellectuels supérieurs, il unissait des qualités physiques de premier ordre. Sa taille était élevée, ses épaules larges, son attitude droite son maintien grave et majestueux (2). L'embonpoint modéré qu'il rapporta de l'exil augmenta sa dignité au lieu de l'amoindrir. « Monsieur, me disait un vieillard en 1892, vous êtes grand et fort, mais en présence de M. Josset, vous auriez été presque petit. » Et le brave homme, qui regardait sans doute encore avec ses yeux d'enfant, ajouta, en toisant la porte de son cabinet : « Il aurait à peine passé par là. » Vers le même temps, un autre vieillard, ne trouvant pas d'expression pour rendre son admiration, s'écriait en ma

---

(1) Mme Dupont, devenue veuve, se fixa dans la rue du Conseil en 1819. Leur père était également venu habiter Athis, où il est mort en 1806.

(2) M. Josset buvait peu de vin, encore moins d'eau-de-vie. Son seul plaisir était de boire un verre de bon cidre. Il le faisait brasser à la ferme du Buat avec des pommes de Beau Roger et de Douce au *Vée* (voir).

présence : « Il était superbe, imposant, nous en avions peur, nous autres jeunes gens. Ses moindres bonjours nous impressionnaient, nous passions dans les champs afin de ne le point rencontrer. Sa belle tête était artistement encadrée par de longs cheveux grisonnants, son regard vif respirait l'autorité ; son front était élevé et sa physionomie remarquable. »

Où fit-il ses humanités ? Probablement à Vire, où il y avait un collège florissant. Après ses études, il entra au Grand Séminaire. Le 4 avril 1778, samedi avant la Passion, M. Claude-François Josset, acolyte de Vassy, fut promu ou sous-diaconat par Mgr de Cheylus, dans la chapelle du séminaire de Caen et de Bayeux (ordination générale).

Le 18 septembre 1779, samedi des Quatre-Temps, il recevait le diaconat des mains de Mgr de Cheylus, dans le chœur de la cathédrale de Bayeux. Les exercices spirituels préparatoires avaient eu lieu à Caen et à Bayeux.

A la même ordination, M. Henri-François Josset, également de Vassy, recevait le sous-diaconat, il fut diacre en septembre 1780 et prêtre à Séez, en vertu de lettres dimissoriales de Mgr de Cheylus, du 23 mars 1780.

Le 23 décembre, samedi des Quatre-Temps, Claude Josset fut ordonné prêtre dans la chapelle de l'évêché, par le même Mgr de Cheylus. Après son ordination, il se rendit au diocèse de Rouen.

En 1786, il fut présenté à la cure d'Athis, comme l'indique la pièce suivante :

« Présentation de M. Josset, prêtre, originaire de Vassy, vicaire de St-Paul de Fouques, en Bernois (1) au diocèse de Rouen et y résidant, par M. Pierre-André de St-Germain, écuyer, patron de la paroisse de St-Vigor d'Athis, résidant au château d'Athis, suivant acte reçu

______

(1) **Pays de Bernay.**

par Maître Louis-Julien-Denis, sieur des Rivières, notaire à Condé-sur-Noireau, le 21 juin 1786, contrôlé à Bayeux, le 3 juillet suivant. »

L'institution canonique de Maître Josset, comme curé de St-Vigor d'Athis, sur la présentation de M. de St-Germain, fut délivrée le 3 juillet 1786, sous les conditions alors en usage, de signer le formulaire *condamnant les propositions de Jansénius* et de faire *deux mois de retraite* dans un des séminaires du diocèse. La prise de possession, suivant acte dressé par un notaire, eut lieu le 6 juillet 1786, en l'église de St-Vigor d'Athis, en présence du patron et de MM. Gilles Lechevrel, François-Grégoire Guérin, Jean Houel, tous trois prêtres et vicaires desservants l'église (1), de Louis Lemarchand, laboureur, François Bohard, armurier, Louis et Pierre Restout, *Custos*. (contrôlé le 9 août 1786).

Après son installation, M. Josset fit probablement la retraite prescrite, car son nom ne paraît pas sur nos registres pendant quelque temps.

Les qualités physiques du pasteur auraient été peu de chose s'il n'avait eu en même temps la vivacité d'intelligence, la rectitude du jugement et la force de caractère qui font véritablement les hommes.

Or, l'esprit de M. Josset était très étendu. Outre la théologie et les autres sciences ecclésiastiques, il possédait sur la médecine de précieuses recettes. De cette manière, il put rendre de nombreux services aux personnes qui se trouvaient dans l'impossibilité de se payer un médecin. Son instinct médical avait été merveilleusement développé par les circonstances. Constamment il avait pu recueillir chez son père et chez M. Boudard, le mari de sa nièce (2), des observations concernant les malades.

(1) On donnait alors le nom de desservants aux prêtres qui gouvernaient une paroisse pendant la vacance.

(2) Mme Dupont était devenue receveuse des postes. Son gendre qui était médecin vint se fixer à Athis dans la même rue, celle du Conseil. Il

M. Josset s'occupait surtout de maladies de nerfs. A cette époque plus encore que de nos jours, les habitants d'Athis se croyaient facilement ensorcelés. Une partie de leurs indispositions devenaient, à leurs yeux, des tours et des maléfices. Alors M. Josset les mandait chez lui, et après avoir entendu et celui qui était souffrant et ses parents, il répondait ordinairement : « Ce n'est rien que cela, c'est une maladie de nerfs. Je vais m'occuper de toi. » Souvent il parvenait à calmer le malade par quelques remèdes et surtout par le prestige extraordinaire dont il jouissait.

Les habitants d'Athis ne se contentaient pas de voir en la plupart de leurs maladies l'influence du diable et des sorciers, ils étaient convaincus que l'Esprit du mal faisait, çà et là, des apparitions fréquentes ; à les entendre, il aurait fait des pactes infâmes avec quelques-uns d'entre eux.

Vers 1882, quelques personnes ont cru qu'il s'était montré, coiffé du *haut de forme* et ganté de peau, dans les prairies de Planquivon. Ce jour-là, il venait reprocher à l'ouvrier S... ses déloyales infidélités ! ! !

Sous le pastorat de M. Josset, le diable fit également des siennes. Un violoniste, ou plutôt un très modeste racleur de violon de notre hameau de la Masquerie, s'en revenait de noces à une heure assez avancée de la nuit, et parce que l'artiste avait quelque peu bu, il ne craignit pas de traverser le bois d'Athis. Pour se donner de la contenance il chantait ferme ses plus joyeuses chansons. Arrivé sur le plateau du Mont-Miret, afin de compléter la fête, il raidit les cordes de son instrument. A peine en avait-il tiré quelques sons qu'un personnage inconnu apparut près de lui et de suite lui adressa la parole :

était intelligent, instruit. Un jour, ayant absorbé un flacon de drogues pharmaceutiques au lieu d'eau-de-vie, il fut pris de violentes coliques et mourut à la fleur de son âge.

« Mais mon ami, que faites-vous donc à cette heure, que prétendez-vous ? » « Ah ! Monsieur, répondit Morel interloqué, je viens de faire danser et comme je suis en veine, je ferais danser le diable. » « Très bien, très bien, ajouta le mystérieux discoureur, si tu y tiens, reviens la nuit prochaine, ici-même, sur l'heure de minuit. N'y manque pas, tu auras bien du plaisir. » Le violoneux promit avec serment et s'en alla se coucher déjà un peu anxieux.

A son réveil, sa tête était moins chaude et moins exaltée. Comprenant la gravité de son cas, il vint s'en entretenir avec M. Josset. Après l'avoir écouté, le bon curé dit : « Eh bien ! mon garçon, va. Si on t'offre quelque chose, ne bois ni ne mange, et s'il t'arrive quelque embarras, tu feras le signe de la croix et entonneras le *Veni Creator*. »

A minuit, Morel arriva sur le Mont-Miret bien préoccupé. Une table était servie, plusieurs personnages s'y tenaient silencieux. Notre artiste invité à s'asseoir répondit froidement : « Pas encore. Je suis venu pour faire danser, commençons par la danse. » La danse fut effrénée. Au moment où Morel, épuisé, comprit qu'il allait être forcé de se mettre à table et de manger, il fit le signe de la croix et commença le *Veni Creator*.

Morel entendit alors un cri épouvantable. Ceux qui l'entouraient se dispersèrent à l'envi. Il se retrouva lui-même au milieu d'une épaisse touffée de chêne. Depuis lors l'herbe n'a plus jamais poussé en cet endroit du Mont-Miret.

Si M. Josset possédait quelques connaissances en médecine, il avait sur le droit civil et la procédure une science bien plus précise et bien plus étendue. Sous ce rapport, sa renommée devint très grande, et personne dans la paroisse n'aurait osé entreprendre un procès avant d'avoir consulté celui que l'on regardait comme un oracle. Souvent, en vertu de son autorité de pasteur, il appelait les deux parties au presbytère, les excitait à s'expliquer devant lui, et quand il les avait écoutées alternativement, quand ses questions simples et adroites avaient mis un peu de lumière à travers l'exposé toujours partial des personnes adverses, il prenait la parole. Comme il tutoyait à peu près tous ses paroissiens, il leur disait sa pensée avec rondeur et franchise: « Toi tu as tort, tu n'aurais pas dû faire ceci, ni dire cela. Ne t'avise pas de plaider, arrange-toi. » Et le paroissien, convaincu, réclamait une intervention qui ne lui était jamais refusée, car le bon curé avait autant de plaisir à obliger les siens que ceux-ci en avaient à recevoir ses bons offices.

Parfois, les plus rusés abusaient quelque peu de sa confiance. Ceux-là se rendaient chez lui en particulier, à l'heure des ténèbres et de manière à n'être jamais remarqués. Ils avaient des paroles mielleuses sur les lèvres et profitaient de tous les incidents de la conversation pour passer quelques bribes de compliments à l'adresse du pasteur: « Nous sommes venus vers vous, vous êtes si savant, vous avez le bras si long, vous seul pouvez nous tirer d'affaire. On irait bien à un avocat, mais il n'en saurait pas autant que vous, puis cela ne ferait pas si bien ! » M. Josset écoutait ces litanies, généralement avec défiance. Sa perspicacité peu ordinaire lui permettait souvent de déjouer la ruse et d'apercevoir le fil blanc qui unissait les mensonges. En pareil cas, les fourbes étaient éconduits lestement et traités comme ils le méritaient. Quelquefois cependant, il était dupe de la rouerie de quelques habiles. Alors il embrassait avec ardeur une cause qui ne le méritait pas, traçait une ligne de conduite à ses protégés et leur indiquait les réponses.

Quand l'affaire prenait une tournure grave, il écrivait à un de ses proches, qui occupait à Domfront une situation prépondérante dans la magistrature, et, en remettant la lettre, il avait soin de dire : « Tu porteras cette lettre à son adresse », et il ajoutait d'un air de triomphe : « Nous verrons donc ! ».

C'était le recours extrême. Il n'aimait pas ordinairement à réclamer cet appui. Les deux parents s'estimaient sans s'aimer beaucoup. Par suite d'un froissement qui remontait peut-être à l'époque de la Révolution, ils avaient cessé de se voir et de se fréquenter. Malgré tout, le magistrat de Domfront ne se refusait pas à être agréable au Curé d'Athis et à favoriser ses clients.

L'on savait dans Athis et l'on soupçonnait, quand on ne pouvait le savoir, de quel poids avait pesé l'influence de M. Josset. Les favorisés le bénissaient ; les autres, ceux qui se croyaient lésés, se contentaient de murmurer en silence.

Quand M. Josset commença son ministère, il avait trente ans. La population était disséminée dans les villages (1). Il se mit activement à sa pieuse besogne vers la fin de l'année 1786. Le jeune curé débita avec feu et entraînement les sermons dont sur le soir de sa vie, il se contenta de donner la lecture. Ses catéchismes étaient admirablement tenus ; aucun enfant n'aurait osé tourner la tête ou se livrer à la dissipation.

Avant 1789, l'instruction du peuple ne fut pas négligée comme le croient et le disent certains esprits modernes. La plupart des paroisses reçurent le bienfait de fondations généreuses qui permettaient à un ou plusieurs prêtres de tenir les classes et quelquefois d'ouvrir de petits collèges. Il en fut ainsi à Joué-du-Bois, je l'ai dit ailleurs (2). Un curé d'Athis, M. Jacques Héron, traita Beauvain, sa paroisse natale, de la même manière. Son

---

(1) A cette époque, Athis était très peuplé. Le relevé que nous avons fait sur les registres de 1785 à 1790 nous donne la moyenne annuelle de 114 naissances sur 74 décès.

(2) *Joué du-Bois*, par l'Abbé C. Macé.

école fut richement dotée et minutieusement réglementée (1).

La bienfaitrice des enfants d'Athis, en 1740, fut la veuve de Pierre de St-Germain. Elle disposa d'une forte rente pour une école gratuite, « dans un local qui serait proche de l'église, à condition que le Curé dirigerait ou ferait diriger les classes, et que les enfants du seigneur y recevraient, avec ceux des pauvres, l'instruction gratuite. » Désormais Athis eut son Chapelain. Par ses soins, une école fut ouverte dans la rue de la Carneille. En 1770, le maître était J. Bunot. Gabriel Lecois lui succéda en 1776. Après sa mort, arrivée le 2 janvier 1786, nous eûmes Gabriel de Crouan qui était, comme son prédécesseur, de la paroisse de Caligny, et le neveu de Messieurs des Brocardières. Il eut un auxiliaire qui, si nous en croyons son petit-fils, fut Jean Drude, de Putanges, homme très instruit. Il tenait une classe à la Craimière.

Autrefois, la gratuité venait des libéralités des riches, aujourd'hui elle est basée sur l'impôt. La formation des maîtres ne coûtait rien à l'Etat ; elle coûte de nos jours des sommes considérables.

Aussi bien que le seigneur d'Athis, M. Josset sentait monter le flot révolutionnaire ; il remarquait un travail de révolte dans les esprits et le courant d'impiété qui devait entraîner à sa ruine la vieille société française. M. de St-Germain en entretenait le marquis de Ségrie, avec l'espoir de le rendre plus libéral. M. le curé d'Athis essaya d'améliorer ses paroissiens. Il appela pour cela des Franciscains de Caen, si j'ai bien retenu le nom. La mission eut lieu en 1789.

Cette grande innovation indiquait le caractère et l'esprit sacerdotal de M. Josset. Au XVIIe siècle, les

---

(1) En hiver, de la St-Rémy à Pâques, la classe commençait à huit heures et demie. En été à huit heures. Les heures de la soirée étaient également fixées.

missions avaient été nombreuses. De saints et illustres
prédicateurs s'y étaient employés avec ardeur. Au XVIIIe
siècle, et surtout vers, la fin de la seconde moitié, on ne
faisait plus rien de semblable. Des prêtres, voire
des évêques, n'osaient même aborder ni traiter les
grandes vérités.

Il en fut autrement à Athis. Les hommes de Dieu
tinrent un langage apostolique ; l'effet en fut merveilleux.
Les catholiques furent affermis dans leur foi et beaucoup
de protestants convertis par le lucide enseignement des
missionnaires.

En mémoire d'un si beau résultat, on érigea, au
carrefour qui précède le Buat, un beau calvaire. Je l'ai
salué dans ma jeunesse. On lisait au-dessus du socle :
« 1789 ».

Ce calvaire offusqua bientôt messieurs les révolutionnaires, et surtout les membres de la société populaire (1) où dominaient les protestants et le curé jureur.
Ils s'en prirent tout d'abord aux fleurs de lis qui en
terminaient les bras. Le 21 Ventôse, an II, Jean-Jacques
Leconte vint au nom de sa Société populaire, demander
au maire « de faire disparaître les fleurs de lis du
calvaire, près le Buat, et toutes autres dont il aurait
aussi connaissance. »

Lorsque Bohard ne fut plus à la tête de la commune,
le calvaire fut abattu. Pendant près de dix ans, on le vit
gisant dans le fossé du grand chemin de Falaise à
Domfront, recouvert d'herbes, de ronces et d'épines. Ce
fut son salut.

---

(1) Membres de la Société populaire ayant signé une pièce authentique.
D. Rihouey de Ste-Honorine ; il a signé quelquefois sur les registres de cette
commune ; il était le beau-père de Jean Hardy — P. Hardy de la
Lysandrée — Lebailly Meslier secrétaire — P. Vardon-Launay — L. Lebon
— J. Levain, le jeune, de Ste-Honorine — J. Brisset Thihannière — Chanu
— Chatel — L. Mousset — Daniel Lebon — Vardon — Brisset — J. Dujardin,
greffier de Ste-Honorine — L. Jenvrin — J. Hesnard et Leconte, curé
jureur ; tous d'Athis et des environs.

M. Josset le fit rétablir peu de temps après son retour. Vers le milieu du siècle, quand il fut très délabré, et qu'il n'eut plus qu'un bras, on eut la pensée de le remplacer. La croix du cimetière fut alors transportée au carrefour du Buat, elle n'a pas été mise en place. En 1887, une famille chrétienne s'est chargée d'en édifier une nouvelle et de l'entretenir avec grand soin.

Que ceux qui la voient se souviennent de la mission de 1789. A cause d'elle, nous ont dit les anciens, Athis compta moins d'excès révolutionnaires que la plupart des communes environnantes.

Avec un jeune curé, deux vicaires, un chapelain, il était facile de fournir aux habitants d'Athis les secours spirituels dont ils avaient besoin. Tout allait au gré du pasteur et du troupeau. Mais vint la Révolution. Ce qui troubla l'Eglise, ce ne furent pas les changements matériels que l'on s'empressa de faire pour tromper les esprits. Que lui importait si désormais la corvée s'appelait prestation, la taille, impôt foncier, la capitation, cote personnelle et le reste ! Elle avait même réclamé des réformes dans ses cahiers de doléances et M. Josset avait été chargé par ses confrères de rédiger un rapport résumant leurs désirs. Il demandait, entre autres choses, la suppression des dîmes, devenues odieuses et dont le recouvrement difficile était peu lucratif.

Les révolutionnaires ne s'en tinrent pas là malheureusement. Comme de nos jours, les législateurs et des impies sectaires voulaient l'asservissement de l'Eglise. Les évêques et les prêtres n'avaient fait aucune difficulté pour prêter, en 1790, le serment de fidélité à la nation. Ils refusèrent d'accepter la Constitution civile du Clergé du 25 octobre 1790, cette nouveauté était contraire à la foi et à la soumission que tout chrétien doit au Chef suprême de l'Eglise. Ce refus eut lieu le 4 janvier 1791, à l'Assemblée nationale.

Mgr d'Argentré (1), évêque de Séez, suivit cet exemple le 19 janvier de la même année (2). Mgr de Cheylus, évêque de Bayeux, adressa de Paris à ses prêtres deux lettres pastorales très nettes et très précises au commencement de l'année et le 11 Mars 1791. Nous en avons cité des extraits dans la biographie de Maître Charles Brémenson (3). L'évêque de Sées en avait fait autant dès le 10 janvier. Son mandement fit impression. Aussi le procureur général syndic et les membres du Directoire d'Alençon défendirent aux curés du département de le lire en chaire. Ils eurent même la perfidie de répandre par tout le diocèse le bruit mensonger que Mgr d'Argentré s'était soumis à la loi.

Malgré cette manœuvre déloyale, un petit nombre de prêtres seulement obéit aux injonctions plus ou moins menaçantes des autorités civiles. Dans les campagnes, les défections furent presque nulles (4). Le clergé de quelques-unes de nos villes fut également admirable. A Argentan, 42 ecclésiastiques refusèrent le serment, le 30 janvier 1791. Un seul le prêta : ce fut Boutigny, l'un des chapelains de l'hospice, sans doute le futur curé intrus de la Carneille. D'autres localités furent moins bien favorisées. Ainsi le curé de Condé-sur-Noireau, et presque tous les prêtres de la ville, acceptèrent volontiers la réglementation nouvelle (5).

Comment les choses se passèrent-elles à Athis ? De quel côté se rangea M. l'abbé Josset ? Lui, si positif dans sa manière d'être, se laissa-t-il égarer par la peur ou l'es-

---

(1) Mgr J.-B. d'Argentré, ancien aumônier du Palais de Versailles, était évêque de Sées depuis 1775. C'est lui qui a fait construire l'évêché, la chapelle du vieux Séminaire, le maître-autel de la Cathédrale ; il est mort à Munster (Allemagne).

(2) *Les Martyrs*, (M. Blin).

(3) M. Charles Brémenson, curé de Cahan (Imp. Cath.)

(4) *Les Martyrs*, par M. Blin.

(5) M. l'abbé Huet, né à Condé, de parents partis du village de la Masquerie, en Athis. — St-Sauveur n'était pas église paroissiale, M. Bazin, son chapelain, ne prêta pas le serment, et en août 1792 il ne dut son salut qu'à la vitesse de ses jambes.

poir d'un bonheur chimérique? Evidemment non. Mais, de bonne foi, chercha-t-il, par mode de conciliation, à gagner du temps et à calmer les esprits? Nous sommes ici en présence de deux opinions.

D'après M. l'abbé Hamard, mon vénérable prédécesseur, et d'après plusieurs membres des familles Huet (1), Lemoine, Delozier, Eugène Fauvel, Dubois et autres, M. Josset prêta, en janvier 1791, un serment restrictif et conditionnel.

Il put ainsi continuer de séjourner dans sa paroisse avec ses vicaires et le chapelain jusqu'à la fin de juillet de la même année.

Mais à cette date, Fessier, ancien curé de Bérus, était installé à l'Evêché de Séez. Le 12 juin 1791, en la belle fête de la Pentecôte, il avait fait installer une notable portion de ses curés intrus.

D'autre côté, les autorités civiles pressaient les municipalités d'exiger de tous les prêtres un serment formel à la Constitution civile du Clergé.

Quelques-uns, comme M. Chesnel de la Rozière, curé de Magny-le-Désert, purent encore glisser des conditions à la formule qu'ils prononcèrent. La nature franche de M. Josset se refusa à un subterfuge quelconque. Il ne voulait plus s'accommoder d'atermoiements qui n'amenaient rien de définitif.

Un jour de dimanche, 26 juin 1791, pendant la messe, alors que l'église était remplie d'une nombreuse assistance, le curé d'Athis parut en chaire et, sans préambule,

(1) La Supérieure des religieuses de Longny, son frère, sa sœur et les membres de la famille ont bien des fois entendu les affirmations catégoriques de Marie Lemoine, femme Huet, leur grand'mère. Or Marie Lemoine était née en 1778 et avait treize ans au moment où eut lieu la scène relatée ci-après. Elle pouvait, à cet âge, bien comprendre le sens des paroles exprimées, puisqu'à cause de son intelligence, elle avait été admise à la Confirmation à Montilly. Elle est morte en 1864, ayant toute ses facultés. Elle avait été la compagne de Mlle de Saint Germain et s'était ressentie du contact. Le docteur J. Fauvel a recueilli souvent le même récit de la bouche de son vénéré père.

de sa voix la plus grave et la plus forte, fit la déclaration suivante :

« Quand j'ai prêté le serment, j'avais pensé que l'on ne ferait rien contre l'Eglise catholique, apostolique et romaine. Depuis cette époque, les événements survenus m'ont ouvert les yeux. Je vois clairement où l'on veut en venir. Aussi (et alors il fit un geste énergique, passa horizontalement son bras d'un côté à l'autre comme s'il eût voulu effacer des lignes fatales), aussi, ce serment, je le retracte. J'ai pesé toutes les conséquences fâcheuses qui peuvent résulter de ma détermination présente, et, parce que je ne veux causer ni ennuis ni persécutions à personne, je vous fais mes adieux et je pars. »

Au grand silence qui avait régné pendant le discours énergique du curé succéda une explosion de larmes et de gémissements. Le vicaire sanglotait à l'autel et put difficilement terminer sa messe. Quelques méchants murmurèrent avec éclat et causèrent un grand tumulte. Immédiatement après l'office, des notables et amis de M. le Curé se rendirent en hâte au presbytère. Leur intention était de lui témoigner leurs sympathies et de l'engager à rester au milieu d'eux. En homme calme et réfléchi, M. Josset avait pris toutes ses précautions et bien mûri son projet. Il avait en poche le passeport nécessaire et quelque peu d'argent. Son bâton de voyage était au bas de la chaire. Il ne rentra pas à son domicile.

Cette version s'appuie sur un fait public et l'affirmation souvent renouvelée de témoins auriculaires. Elle a été cependant contestée par quelques personnes.

Voici pourquoi : en rentrant de l'exil, M. Josset écrivit sur un registre : « Aujourd'hui je reprends mes fonctions après dix ans d'interruption, ayant été dépossédé pour refus de prestation de serment. » Personne ne peut le nier, c'était la vérité.

Que des vieillards aient tenu le même langage en présence de leurs enfants, nous ne le contestons pas. C'était

la vérité. La scène publique du refus de serment où M. le
Curé rétracta, en quelques paroles, ce qui avait été fait
précédemment, n'en reste pas moins intacte.

Mais, me dira-t-on, comment se fait-il que la Mairie,
dont la fidélité à inscrire les moindres faits est notoire,
n'ait pas écrit un mot sur ce grave sujet : ni sur le serment
restrictif de janvier, ni sur le refus de juillet. La raison
en est bien simple : le registre de l'année 1791 n'existe
pas. De leur côté, les chartriers des deux évêchés de
Bayeux et de Séez sont muets sur ce point.

Si le serment restrictif a été prêté, nous a dit M. Blin,
le savant historiographe du diocèse de Séez, la réputation
de M. Josset ne saurait nullement en être entachée.
Beaucoup de bons prêtres ont cru devoir le faire et votre
prédécesseur était classé parmi les excellents.

Nous n'en avons jamais douté. Nous étions éclairés
par le témoignage universel de ceux qui l'avaient connu
et aussi par une note qui nous est venue de l'évêché de
Séez.

En 1805, Mgr Chevigné de Boischollet fit faire, sur
son clergé, une vaste enquête. Après tant de bouleverse-
ments, elle était nécessaire. M. le grand-vicaire Legallois
en fut chargé pour nos contrées. Il le pouvait facilement.
Ses parents avaient séjourné, pendant quelque temps, au
Val du Moulin, en la Lande-Saint-Siméon. Sa sœur avait
épousé M. Le Boisne Grand Pré de la Joserie en Taillebois
et, aux plus mauvais jours de la Révolution, il était venu
lui-même chercher un refuge dans cette solitude. J'ai visité
plusieurs fois, dans mon enfance, la cachette où il avait été
souvent obligé de se laisser glisser. Au nom de M. Claude-
François Josset, curé d'Athis, on lit cette note élogieuse :
« Robuste, laborieux, infatigable, très instruit, homme à
talents et *très bonne réputation de tout temps.* »

Les révolutionnaires courroucés se concertèrent et
formèrent le projet de poursuivre M. Josset. Ils étaient
décidés à lui faire payer cher l'affront infligé.

Après information, ayant connu la direction prise par M. Josset, ils partirent en grande hâte. Ils l'auraient saisi certainement dès la première journée si la Providence ne l'avait protégé. M. Josset se tenait sur ses gardes. Son déguisement lui avait déjà permis d'être moins remarqué. Mais à un détour du chemin, ayant entendu à temps des pas précipités, il eut la bonne pensée de se jeter le long d'une haie touffue et de s'abriter derrière un buisson. De sa cachette, il reconnut chacun de ses ennemis et comprit leur mauvais dessein. « Ils allaient, disaient-ils, rattraper l'oiseau et le mettre en cage. » Pas encore, répondit tout bas le proscrit, « ce n'est pas moi qui vais vous enseigner son nid. » Quand il les sut éloignés, il se remit en route avec des précautions plus grandes encore. Pendant que ses persécuteurs prenaient leur repas et un peu de repos, M. Josset avait le courage de renoncer au sommeil, de se nourrir de pain sec et de s'avancer sur Granville à marches forcées. Quand les habitants du pays commençaient à se mouvoir, il se cachait dans un réduit quelconque ou gagnait le fond d'un bois.

C'était prudence. En effet, sur les indications des paysans que nos impies d'Athis interrogèrent, la piste du proscrit fut longtemps suivie. Ils ne la perdirent totalement que la troisième ou quatrième journée, et de guerre lasse, après avoir multiplié vainement les enquêtes dans une bourgade assez voisine de Granville, ils se résignèrent à regagner leurs pénates.

CHAPITRE V

En exil

Quelques jours plus tard, M. Josset abordait à Jersey, à cette poétique et pittoresque île normande qui lui rappelait la patrie absente, et spécialement les côteaux arides et les roches escarpées de sa vallée de la Vère.

Il y fut précédé ou rejoint par quelques confrères du pays, entr'autres par MM. les Curés du Détroit, du Vey et des Iles Bardel.

N'étant ni du même diocèse, ni du même doyenné, ils ne s'étaient sans doute jamais vus ; mais sur la terre étrangère les relations se nouent facilement. Leur commune infortune, leur sacerdoce et des sympathies réciproques en eurent bientôt fait des amis inséparables.

Mais que devenir ?.. Leurs modestes ressources allaient bientôt être épuisées. M. Josset fut leur providence et leur soutien. Il était robuste de santé, adroit et d'un esprit très ingénieux. Prenant résolument son parti, il se fit tourneur et un peu menuisier ; il donna ses soins aux horloges en bois et en acier et raccommoda les navettes des tisserands. Une fois installé, il fallut trouver de l'ouvrage et amener des pratiques à l'échoppe de l'artisan improvisé. S'armant de courage, il fit une première tournée en la compagnie de M. le Curé du Détroit. Dieu favorisa leurs efforts : on leur confia, à titre d'essai, quelques menus objets. Quand ils les eurent réparés d'une manière assez convenable, l'espoir rentra dans leur cœur. M. le Curé du Détroit, qui n'était pas habile et ne pouvait par là même être d'une grande utilité dans la boutique, se chargea de les reporter à domicile et assuma le soin d'en *chiner* de nouveaux. Pendant dix longues années, on le vit circuler à travers les rues de la cité et les hameaux de la campagne, passant de maison en maison, faisant ses offres de service et demandant de l'ouvrage avec toute la ténacité dont il était capable. Peut-être en vint-il à porter la hotte, et à crier, à la manière des camelots, la série des objets que l'on pouvait raccommoder ou faire à l'atelier nouveau. De son côté, M. Josset était infatigable. A force d'études, de pratique et d'observations minutieuses, il devint un ouvrier excellent. Bientôt il travailla indifféremment le cuivre, le fer et le bois, perfectionna les systèmes des horloges et les entoura de boîtes sculptées. Il fit également fourches et râteaux, rouets à dévider, navettes, et une infinité d'instruments en usage journalier et de vente courante. En ses moments de loisir, il allait examiner les ouvrages perfectionnés sur les autres chantiers et la mécanique de nos voisins qui nous avaient devancés sur le terrain de l'industrie. Il ne se contentait pas de voir, il approfondissait, il comprenait. De cette manière, il lui fut possible de s'assurer son pain quotidien, de vivre et de soutenir ses trois compagnons. Pour cela il ne fallait ni mollesse, ni chômage, ni repos dans la petite industrie. On travaillait, on priait et l'on vivait avec la plus stricte économie.

Il en fut ainsi jusqu'en 1802.

M. Josset, nous l'avons fait entrevoir, fut courageux et énergique à l'excès dans sa lutte charitable contre la misère de ses confrères et la sienne propre. Il n'en souffrit pas moins au fond de son cœur. Cet homme à l'abord rude, au regard et à la parole sévères, n'était pas insensible. Il n'oubliait pas un instant qu'il avait laissé derrière lui un père respectable (1), une sœur jeune

---

(1). M. Claude-François Josset, docteur-chirurgien, mourut le 6 septembre 1808, au presbytère d'Athis, à l'âge de 81 ans.

M. Houël, curé de Ronfeugeray, et Chauvin, maire, firent la déclaration à la mairie. Il était veuf de ..... Alard.

encore et toute la grande famille de ses paroissiens. Or, chacune des nouvelles qui lui arrivaient de France était de plus en plus mauvaise. Chaque jour, c'était une infamie criante, une honte pour la patrie, une mesure impie ou barbare contre la religion et ses prêtres. Si encore il avait pu être renseigné d'une manière certaine, s'il avait reçu de temps à autre une bonne lettre de quelqu'un des siens. Mais, par suite de l'horreur qu'inspiraient les crimes et les idées de la Révolution, les nations voisines établirent un cordon sanitaire tout autour de nous ; les relations furent interrompues avec le reste du monde et spécialement avec l'Angleterre. Les émigrés, nobles ou prêtres, étaient hors la loi, leur tête avait été mise à prix. Aussi le souvenir de ces rudes années demeura amer au fond de l'âme de M. le Curé d'Athis. Il en parlait quelquefois, ajoutant qu'il n'aurait plus le courage d'en faire autant. Si pareille existence eût été à recommencer, il aurait préféré vivre en proscrit dans son propre pays, avoir à se cacher chaque jour et à fuir de village en village plutôt que de retourner en Angleterre.

Ceux qui errèrent à travers nos contrées, comme MM. Prieur, Durand, Bellenger et Bremenson, eurent beaucoup à souffrir incontestablement. Ils furent plus souvent exposés à mourir ou a être mis en prison ; plus souvent ils endurèrent la froidure, la faim et mille autres misères, mais au moins, comme compensation, ils éprouvèrent assez souvent de bien douces consolations. Leur ministère ne fut pas stérile. Il produisit même, au milieu d'une population égarée par la peur, des fruits très abondants.

CHAPITRE VI

La commune d'Athis pendant la Révolution

Les mémoires de la vie communale d'Athis, interrompus pendant l'année 1791, reprennent régulièrement leur cours au commencement de 1792. Les hommes qui dirigent les affaires sont toujours Louis Madeleine, l'aîné, et Louis Mousset de la Cerfetière. Ce fils de fermier, arrivé jeune à une situation prépondérante, nous a quelque peu surpris.

On m'avait affirmé qu'il avait été maire d'Athis ; il en fut seulement l'agent national et l'homme influent. A ce titre, il put terroriser la contrée. C'était un homme vigoureux, ne doutant de rien, prêt à toutes les besognes, et un esprit mal équilibré. Ceux qui ont connu ses parents, Mousset *Trésor* et Louis Mousset, du Haut-Buat, peuvent avoir une idée du Mousset de la Révolution. Ces gens-là se prenaient au sérieux et semblaient de bonne foi.

On raconte au sujet de Louis Mousset, un autre peut-être, une anecdote assez mouvementée.

A une époque qu'on ne précise pas, Mousset fut atteint d'une maladie grave et bientôt réduit à toute extrémité. Peu de jours après, des courriers volontaires parcoururent les villages et annoncèrent ses funérailles. Le cortège partit de la Cerfetière. Arrivés au bourg, au moment de passer sur la jetée du petit Vivier, les porteurs, qui avaient la bière sur leurs épaules, entendirent un bruit insolite. Il se regardèrent avec inquiétude, se communiquèrent leurs impressions et se refusèrent à continuer leur route. Le cercueil fut ouvert. Mousset était chaud, Mousset était vivant, si bien vivant que dix mois plus tard lui naquit un fils à propos duquel on a redit souvent : « Faute d'un p..., Mousset ne serait pas fait ».

Dès l'année 1787, l'intrigant s'imposa aux bourgeois de la localité comme un homme nécessaire, et dans une assemblée primaire, il fut nommé secrétaire parce qu'il était un des plus jeunes électeurs. Excité par le curé jureur, Mousset, nous le verrons, fit tourmenter les bons catholiques. Comme il y eut l'emprunt forcé, de même on organisa la messe forcée, les vêpres forcées et l'administration des sacrements forcée. De la liberté de conscience, on s'en moqua alors plus encore que de nos jours.

D'eux-mêmes, ou sur l'ordre formel de Mousset, des hommes parcouraient la paroisse pour forcer les bons catholiques à se rendre à la messe de l'intrus. Lemoine, de la Rennerie, eut souvent l'honneur de recevoir leur visite ; mais Lemoine était prévoyant, chaque dimanche, tous les membres de la famille étaient partis, les uns à Condé, les autres un peu partout.

La patrouille s'en était toujours retournée bredouille, mais non découragée, et, parce qu'elle tenait à réussir, elle renouvela ses visites.

N'ayant pas plus de succès une fois que l'autre, elle finit par se fâcher. Saisissant Marie Lemoine, une enfant de treize à quatorze ans, que les parents avaient laissée seule au logis, le chef de la bande voulut la faire parler. Ce fut inutile. Alors, en l'entraînant, il lui dit avec colère :

« Eh bien ! puisque nous ne pouvons avoir tes parents, toi au moins tu vas venir avec nous ! » La petite, prétextant la consigne et le besoin que la maison avait d'être gardée, fit une résistance désespérée. Deux hommes la forcèrent de marcher. L'enfant était bien humiliée. Quand elle arriva à la porte de l'église, la messe était finie. Marie Lemoine, bien contente, s'en alla aux Terriers, chez sa tante Delozier (1).

Un ou deux dimanches plus tard, les mêmes amis de l'intrus reparurent à la Rennerie. Marie était encore seule. Elle reçut les observations et les reproches avec une simplicité calme et un à-propos superbe. Lorsqu'on voulut lui faire violence, elle se débattit vigoureusement, cria, pleura et se coucha par terre. Les révolutionnaires de cette époque n'avaient pas plus de cœur que les satellites d'Hérode qui massacrèrent les saints Innocents, ils demeurèrent sans pitié. L'un d'eux, L. Racine, de la Butte, saisit la jeune fille et sortit. Il l'emportait sur son épaule comme un paquet vulgaire lorsqu'il rencontra un grand et fort garçon, domestique à la ferme des Champs. Estimant le procédé barbare, le brave ouvrier apostropha les gens de la patrouille, leur reprocha leur sottise et leur fit remarquer combien il était ridicule et odieux de s'attaquer, eux, des hommes, à une enfant, à une chétive petite fille.

L'observation eut son effet : Marie Lemoine fut relâchée. Comme elle était heureuse ! Comme elle savait gré au domestique de lui avoir épargné cette humiliation ! Lorsque, dans la suite, quelqu'un se permit de l'attaquer et de le blâmer en sa présence, elle ne manqua jamais de prendre sa défense, rappelant à tout propos la bonne action dont elle avait bénéficié autrefois.

Entre temps, le 1er janvier 1792, Mousset, qui avait reçu des ordres de Paris, demanda aux membres du Conseil de voter « un don patriotique de 474 l. 10 s. 7 d.;
« un certificat de vie en faveur de M. de Saint-Germain,
« qui réclamait sa pension de retraite ; une attestation
« comme quoi Gilles Lechevrel, de la Lande-Patry, avait
« fait les fonctions de vicaire d'Athis pendant 40 ans,
« en *honnête homme* ; une reconnaissance de MM. Lebon

(1) Mme Delozier et Mme Lemoine étaient deux filles Hazé.

« et Aumont, affirmant devoir, l'un 12 l., l'autre 60 l.,
« au ci-devant chapelain d'Athis, et une quittance accor-
« dée à Gabriel Decrouan, qui devait 150 l. à son oncle,
« le ci-devant chapelain, pour la ferme du Buat (1). »

Le 3 janvier, M. de Saint-Germain, M. Jacques Leconte-Dorionière et le sieur Josset furent dépossédés de leurs armes par le capitaine Guillaume Lemarchand. On agit de même envers ceux qui, le 20 mai 1791, avaient refusé de prêter le serment civique suivant :

« Je jure d'être fidèle à la loi, à la nation et au roi, et de maintenir la Constitution votée par l'Assemblée nationale. »

Pour ce refus, Cotard fut désarmé et déchu du droit de citoyen. Beaucoup d'autres personnes se résignèrent à la même dégradation. Pour le moindre fait, le procureur de la commune convoquait le conseil qui se réunissait sous la présidence du maire. Le 15 janvier, il ordonna une taxe du pain et un contrôle chez les boulangers. Le 22, un élagage sur les chemins de la commune. Le 27, il condamna à la destruction les fours non couverts ; le même jour, une amende de 24 sols fut votée contre les officiers de la municipalité qui ne se rendraient pas aux convocations. (2)

Le 28 janvier 1792, les municipaux *daignèrent* recevoir de M. Houvet, ci-devant curé de Sainte-Honorine, une rente de 66 livres que son oncle, Thomas Houvet, curé d'Athis, avait fondée en faveur des pauvres, le 30 octobre 1750.

Le 29, la commune étant menacée de perdre le privilège d'être le chef-lieu de canton, le curé jureur se mit à la tête d'une pétition qui réclamait l'achat et l'aménagement de la grange dîmeresse.

(1) La somme fut versée à la commune, le chapelain étant déchu.
(2) Les officiers étaient L. Madelaine, maire, Lebailly, Delozier, L. Mousset, Piel, Longuet et Liou.

Le 6 février, le secrétaire et officier, L. Mousset, fit condamner à 3 livres d'amende Nicolas Marie, qui s'était permis de lui dire quelques grosses vérités.

Le 20 du même mois, la délibération fut plus émouvante. Le successeur de M. l'abbé Decrouan était un nommé Hébert. Hébert fut dénoncé comme n'ayant donné que des preuves d'aristocratie en se dispensant de *jamais aller à la messe du prêtre constitutionnel* « ce qui occa-
« sionne le plus *grand scandale* dans la paroisse, et nous
« donne lieu de la plus grande suspicion sur son compte,
« et comme dans la circonstance, ajoute le rédacteur de la
« délibération, nous n'avons plus de chapelain pour faire
« les fonctions de la chapellenie et instruire les pauvres
« de la paroisse, suivant et au terme du titre de fonda-
« tion qui accorde pour cet effet une somme de 150 francs
« au dit fonctionnaire pour l'instruction des pauvres,
« nous les avons promis et accordés au dit sieur des
« Jardins, aux conditions qu'il s'applique à instruire gra-
« tuitement les pauvres et jusqu'à ce qu'il y ait un
« chapelain. Les pauvres munis d'un certificat de
« nous. » (1)

Le 20 Février, le futur maire, F. Bohard, armurier, se chargea d'entretenir les armes de la garde nationale pour une somme minime.

Le 26 mars, on employa deux toises de pierres pour construire la prison de la grange dîmeresse. Le même jour, F. Lebon, capitaine, fut condamné à 5 livres pour excès de pouvoirs et sévérités contre des particuliers. (2)

Au 25 avril, on força le ci-devant chapelain à rendre à la municipalité 410 livres 8 sols, reçus de P. de Saint-Germain et de Claude Josset, administrateur des biens, et

---

(1) Des Jardins, lieutenant au régiment de Conty, regagna son régiment, le 101ᵉ, où il servit neuf ans. Il fut nommé instituteur une seconde et une troisième fois après 1800, sans exercer beaucoup sa fonction.

(2) Celui-ci était bon et opposé à son cousin.

18 livres 10 sols pour réparation aux maisons du bourg (3)
et du Buat.

Le 28 mai, le Conseil décida de se servir de cet argent
pour faire percer des fenêtres à la grange dîmeresse.

Le 18 juin, le maire ou le procureur fit décréter des
poursuites contre le sieur Josset, ci-devant curé de la
commune, à cause des réparations à faire au presbytère.
Jean-Jacques Leconte, le curé-jureur, ne voulait plus en
être chargé.

Plus tard, la municipalité nomma un délégué à la
fête de la Fédération ; l'arbre de la liberté fut placé au
milieu de la bourgade ; les compagnies de la garde nationale vinrent le saluer avec respect.

Le 2 septembre, on arrêta un domestique nommé
Guillaume Brisset, parce que sa cocarde n'était pas assez
visible. Le 23, on procéda à l'adjudication pour 250 livres
de la ferme du Buat, ferme qui avait été donnée par
Mme de Saint-Germain pour procurer l'instruction gratuite aux enfants pauvres d'Athis.

Le 27 juin, Jacques Leconte, le jureur, prêta un
nouveau serment.

Le 20 novembre, il y eut une première émeute à cause
des cultivateurs qui *bouillaient* leur cidre.

Le 24 décembre 1792, j'ai constaté que Daniel Lebon
était juge de paix et Deshaye son greffier.

Le Conseil s'occupa, en apparence, des sages-femmes,
des patentes, des émigrés, et de beaucoup de petites
affaires ; en réalité, il fut l'agent du curé-jureur pour
tracasser ceux qui ne voulaient pas de son ministère.
Nous allons le voir dans le chapître suivant.

(3) L'école était au bourg.

CHAPITRE VII

Le Curé-Jureur

Autrefois, la Cure d'Athis avait, sans nul doute, excité des convoitises. L'Evêque intrus de Séez qui manqua de mauvais prêtres pour en envoyer à Ronfeugeray et bien ailleurs, n'éprouva pas le même ennui quand il s'agit de remplacer M. Josset. Son départ avait eu lieu à la fin de Juin (le 24 ou le 26). Ses deux vicaires, Gilles Lechevrel et Jean Houel, inscrivirent encore deux baptêmes, l'un le 3 Juillet, et l'autre le 10. Le 12, Jean-Jacques Leconte, curé intrus, commença ses sacrilèges fonctions en bénissant le mariage de Pierre Huet et de Anne Piel.

Si nous nous en rapportons aux témoignages du curé-jureur, les choses n'allèrent pas sans entraves.

Il écrivit en prenant la défense du chirurgien Fauvel qui lui avait offert l'hospitalité : « Les abominables réfractaires commencèrent les attaques en poursuivant Fauvel, parce que au moment où les prêtres réfractaires étaient chassés par la loi de leurs fonctions, il fut *le seul* de la commune d'Athis qui les nargua et s'exposa à leurs poignards en donnant l'*hospice* au Curé constitutionnel, à son arrivée. Cette action hardie lui valut la perte de presque toutes ses pratiques et l'indignation de la majorité des habitants de cette commune attachée à leur infernal Curé réfractaire qui alors s'évada (1) ».

Ces lignes sont toutes à l'honneur de notre excellente population et confirment ce que nous avons appris des cent bouches de la tradition.

---

(1) Ici, une infâme insinuation.

D'où M. Leconte avait-il débarqué ? Ni l'Evêché de Séez ni celui de Bayeux, ni l'archiviste de l'Orne n'ont pu nous renseigner d'une manière précise. Précédemment, le 10 novembre 1779, un Le Comte, curé de Barges (1), avait baptisé et nommé en l'église d'Athis Constant Thomas, fils de Messire Jean-Joseph Le Comte, écuyer, assisté de la Veuve de Barnabé de Néel (2) ; mais les signatures ne sont pas identiquement les mêmes (3). Quoiqu'il en soit de son origine, le jureur dut comprendre de bonne heure qu'il avait seulement les sympathies des révolutionnaires avancés.

Fort de l'estime et de l'amitié de tout le monde, le père de M. Josset ne se montra pas disposé à lui céder le presbytère. On eut beau le tracasser de mille manières, le menacer et lui envoyer des hommes de loi, le valeureux vieillard ne se laissa nullement intimider. Le presbytère était celui de son fils, le mobilier était le sien. Il ne voulait pas comprendre que l'on pût légalement le déposséder. On n'avait jamais vu cela en France. D'ailleurs, son fils pouvait revenir au premier jour, l'on s'entendrait avec lui. Les autorités en vinrent même à le faire appréhender comme aristocrate dangereux. On le renferma dans le local qui servait de prison. Le brave homme ne l'entendait pas ainsi. Il fit d'énergiques protestations et réclama hardiment la liberté. Après en

(1) Barges, paroisse supprimée près de Villebadin. C'était un riche bénéfice à la présentation de l'Abbesse de l'Abbaye-aux-Dames de Caen, Gilles Gosselin, de la Lande-Patry, fut le successeur de M. Le Comte. Ce Gilles mourut à **Jersey**, de chagrin et de privation en 1796.

(2) Une branche de la famille de Néel habitait le village de l'Hozier, en Ménil-Hubert-sur-Orne.

(3) François-Jacques Le Comte mourut à la Dorionière le 29 Décembre 1807. Sur la porte d'entrée de son logis, l'on voit un écusson fort endommagé. Sur le manteau de la cheminée du XVI⁰ siècle, nous en avons remarqué un autre qui est en très bon état de conservation. Il est surmonté d'une petite croix accostée à droite d'une large coupe et à gauche d'une Hostie. L'écusson est chargé d'un chevron et de trois besants, deux en chef, un en pointe.

avoir délibéré, le Conseil permit à son incommode prisonnier de rentrer au presbytère en lui ordonnant, de nouveau, d'en enlever les meubles.

M. Leconte put enfin s'y installer. C'était une apparence de triomphe. Il y demeura seul jusqu'au 3 janvier 1792. L'autorité civile vint parapher ses registres et du 22 Juillet à la fin de l'année, il y inscrivit la suite des actes publics. Bernier, commis du greffe, compta pour l'année : 89 baptêmes, 36 inhumations et 24 mariages.

Ni Louis Mousset, ni le Curé jureur n'avaient perdu le souvenir de l'opposition qui leur était venue de la part de M. Josset par rapport au presbytère. Aussi, lorsque le 25 avril 1792, le chirurgien parut dans le bourg faisant visite à ses amis et à ceux de son fils, la municipalité mit un malin plaisir à le faire arrêter. Pour lui créer des embarras, on se hâta d'ordonner une visite chez M. de St-Germain où M. Josset était descendu. La perquisition fut fructueuse : on découvrit un ceinturon et un mauvais couteau de chasse. M. Josset réclama avec vigueur, et se fit rendre son ceinturon « comme objet nécessaire pour aller à cheval. » Les deux gardes accusant M. Josset de leur manquer de respect, affectèrent d'avoir peur. Ils portèrent plainte et le firent fouiller. On lui prit deux pistolets de poche chargés et comme M. Josset continuait de se défendre avec vivacité, on consentit à le relâcher mais on l'obligea à fournir un certificat du Maire de Vassy (1).

Le secrétaire de la municipalité a raconté ce fait en quatre pages in-folio du registre des délibérations. Le bénéfice de tout ce tapage était nul, mais on avait ennuyé le père du ci-devant curé et exercé une petite vengeance.

Voulant montrer qu'il n'était pas seul à avoir suivi la ligne de conduite qu'on lui reprochait, le jureur fit venir quelques-uns de ses confrères en révolte et en apostasie.

(1) Archives de la Mairie.

Nous avons relevé le nom de M. Anfrye. Le 29 septembre, il baptisa Pierre-Victor Lebon, fils du fermier des Champs, et de Marie Anfrye. Il signa Anfrye, prêtre et maire de la Vieille. En août 1792, il n'en fut pas moins incarcéré à Condé comme suspect avec M. Levageon, son curé.

M. Pèlerin, qui, suivant toutes les probabilités, avait été vicaire à St-Germain-du-Crioult, occupa le même poste à Athis au commencement de l'année 1792 (1).

Bien que les jureurs fussent amis des révolutionnaires, la république naissante, par horreur de la soutane et de l'onction sacerdotale, leur enleva bientôt le soin de rédiger les actes publics. M. Leconte inscrivit son dernier baptême le 4 Novembre. M. Pèlerin avait paraphé le sien l'avant-veille. C'était le règne de L. Mousset, dit *Boudin gras*, qui allait commencer, il écrivit :

« Le présent registre arrêté par nous, Maire et secrétaire-greffier, conformément à la loi, ce six novembre 1792, la première de la République française.

<table>
<tr><td>MADELEINE LAISNÉ,
Maire.</td><td>L. MOUSSET,
Greffier.</td></tr>
</table>

Ce pauvre Mousset (2) fut d'abord assez embarrassé pour la rédaction des actes ; qu'on en juge par le suivant.

« Aujourd'hui 2 décembre 1792, l'an premier de la République Française, il nous a été déclaré par Madeleine Laisné, marchand laboureur, qu'il lui est né un fils, d'hier, au hameau de la Pillatrière, du légitime mariage de Madeleine Louis et de Hamon Catherine. Baptisé et nommé Jean, par Jean Madeleine, maire et oncle de l'enfant, âgé de quarante-deux ans, assisté de Françoise

(1) Archives de la Mairie.

(2) Louis Mousset continua ses fonctions jusqu'au 6 janvier 1793; il signe officier public, à côté de Louis Restout, custot. Fr. Deshayes lui succéda jusqu'au 31 décembre. Jean Collin occupa la place jusqu'au 5 mars 1793. Jean Huet jusqu'à Décembre 1895. Louis Mousset revient l'an V, puis Jean Vardon lui succède (le 2 floréal, an V). Madeleine Louis fut adjoint l'an VI.

Hamon (1), tante de l'enfant, âgée de vingt-huit ans et *domicilliée* de notre commune, et en présence de André Leconte, procureur de la commune (2), et en celle de Jean Dujardin greffier de la municipalité de Ste-Honorine-la-Chardonne, qui ont signé avec nous, excepté la marraine qui a déclaré ne savoir *signé*.

J. MADELEINE,   A. LECONTE,   J. DUJARDIN,   L. MOUSSET,
Maire.   *pr. de la commune.*   *Greffier.*   *Officier public.*

Ce fut là une espèce de baptème national (3). On y mit une certaine solennité puisque Jean Dujardin, greffier de la municipalité de Ste-Honorine (4), voulut en rehausser l'éclat par sa présence.

Les pauvres apostats faisaient triste figure dans la paroisse. Chaque jour, l'on apprenait des détails qui les dépréciaient de plus en plus et montraient avec évidence la méchanceté de leur cœur et leur peu de religion. D'abord on les avait seulement soupçonnés d'ambition. On remarqua bientôt qu'ils étaient sans foi et traitaient les choses saintes avec la dernière irrévérence.

Un jour, deux femmes, qui, par prudence ou par une piété mal éclairée, se croyaient obligées d'avoir recours au ministère de l'intrus, se présentèrent au presbytère. M. Leconte mangeait tranquillement sa soupe. Leur commission faite, nos deux commères rentrèrent à l'église

(1). Hamon de la Durandière dont les deux filles épousèrent les deux Madeleine. Dans cet acte, ce n'est plus Louis, mais Jean qui est maire d'Athis. Les deux frères s'étaient succédé dans cette place enviée. Les registres des délibérés de sa gestion n'existent pas.

(2). André Leconte de la Raffinière mourut le 19 août 1808, à l'âge de 46 ans.

(3). Le 29 janvier 1793, Fr. Deshayes, officier public, écrit encore sur les registres de l'état-civil : *baptisé* le... avec les noms *du parrain et de la marraine.*

(4). On écrivait encore Ste-Honorine ; plus tard on dira Honorine tout court et Noireau pour Condé sur-Noireau (Actes rédigés par le notaire de Prépetit).

et attendirent. Quel ne fut pas leur étonnement quand elles aperçurent le malheureux curé sortant de la sacristie, revêtu des habits sacerdotaux et montant à l'autel. Cette messe sacrilège les avait scandalisées profondément. Bientôt on le sut dans tous les villages et l'on comprit mieux l'ignominie du sacerdoce révolutionnaire.

Du reste, pour juger M. Leconte, il n'est pas besoin d'avoir recours au témoignage de ses paroissiens ; il s'est révélé lui-même dans les lignes suivantes qui sont de pluviose An II : « Vengeance et Justice, citoyen représentant ! Foudroie ces crapauds superstitieux qui, toujours attachés aux nobles, aux prêtres et à l'erreur, cherchent à empoisonner notre sainte révolution et à en anéantir ses plus fermes piliers... » Les bons et vrais patriotes qui, depuis longtemps, gémissaient de voir l'état de misère et de dégradation dans lequel croupissait une grande partie de leurs concitoyens, s'étaient assemblés, depuis environ un mois, et, constitués en société libre de véritables montagnards, à l'intention de découvrir les complots des traîtres, de faire disparaître les ténèbres de la superstition, de mettre en lumière le flambeau de la raison, de faire exécuter les lois justes et sages contre les citoyens fanatiques et forcer les lâches à marcher, au moyen de résolutions intrépides. Ces bons patriotes jetèrent ainsi la terreur dans les cœurs des ci-devant nobles qui complotèrent pour détruire la nouvelle société...

« Oserais-tu, citoyen représentant, abandonner notre président exposé à tous les traits de la plus noire calomnie trempés dans la boue du fanatisme ? Nous demandons qu'avec la verge que le gouvernement révolutionnaire t'a remise entre les mains, tu fouettes jusqu'au sang les misérables pygmées calomniateurs, et alors l'aristocratie corrigée ne sera plus assez osée pour faire à l'avenir de pareilles tentatives. »

Personne ne voulait plus assister à ses cérémonies.

Le chapelain, M. Decrouan, bien qu'il n'eût pas prêté

le serment n'avait encore été tracassé par personne, il habitait toujours sur la route de la Carneille, là où réside le garde-champêtre, en face la maison de M. Huberdière (1). Tenait-il encore l'école ? Nous ne le savons pas. Il disait la messe à l'église paroissiale (2). La population chrétienne s'y rendait en foule. Par contre, à la messe du jureur il n'y avait personne. Le malheureux comprenait la leçon. Pour tromper le public il fit un jour bénir et distribuer l'eau par M. Decrouan et après l'aspersion il arriva au bas de l'autel pour commencer la messe. Immédiatement les fidèles s'empressèrent de sortir et le jureur continua son office à peu près seul.

Une autre fois, contrairement à l'usage, il s'avisa de faire l'eau bénite. Le public resta dehors et dès qu'il s'aperçut que le chapelain était à l'autel et allait commencer la messe, il se précipita dans l'église par toutes les portes. Après cela le jureur ne pouvait plus avoir d'illusion ; M. Decrouan reçut l'ordre de partir. Le 27 juillet 91, il avait baptisé Jeanne-Sophie Chauvin Taillis (feuille détachée).

Marie Jouanne

L'intrus avait pensé que, de la sorte, il serait plus facilement maître de la situation. Ce fut une erreur. On vit seulement à l'église la petite bande des patriotes avancés. Ironie du sort ! Ceux qui n'avaient aucune religion et ne craignaient ni Dieu ni diable furent contraints de faire les dévots. Les vrais catholiques restèrent chez eux. Leconte en était courroucé. Pour effrayer les récalcitrants et se venger, il résolut d'employer un des châtiments qui furent très communs à cette époque : la promenade sur la bourrique. La victime choisie fut Marie Jouanne, autrement dite Marie la Cornue. Cette

(1). M. Houvet-Huberdière était de Chanu. Son oncle avait été curé d'Athis. Il y avait acquis une maison et divers biens (maison Foyer), qui furent confisqués lorsque M. Houvet, curé de Ste-Honorine, où il avait construit le presbytère actuel, émigra et mourut sur la terre étrangère.

(2). Le dernier acte qu'il ait signé sur les registres est du 27 juin 1792.

sainte personne habitait à droite du village de la Bunodière, une modeste maison sise en un lieu que l'on appelait
alors la Butte-Feret (1). Les vieillards de la contrée se
souviennent de l'avoir visitée aux années de leur enfance.
Marie leur contait avec feu les histoires palpitantes du
temps malheureux qu'elle avait vécu. Elle leur parlait de
Dieu, les exhortait à demeurer fidèles à leur foi et leur
faisait chanter des cantiques, ceux qu'elle avait chantés
elle-même alors que les impies la promenaient sur l'âne
d'ignominie. Les enfants recherchaient volontiers sa
société ; sa maison en était constamment pleine.

Tous voulaient voir et entendre Marie Jouanne.
Sa grande renommée de piété lui avait donné une
espèce d'auréole. Elle avait tant souffert pour la
religion, elle avait été si dévouée aux vrais prêtres,
elle était si bien avec le Bon Dieu ! Les personnes âgées
venaient lui recommander leurs malades, leurs pécheurs,
leurs difficultés diverses. En 1830, on lui demanda de
faire des neuvaines pour les jeunes gens de la contrée
qui firent partie de l'expédition d'Algérie. Quand les
mères éplorées lui communiquaient leurs inquiétudes,
elle les rassurait comme si son regard eût visité les
champs de bataille d'outre-mer. Longtemps, elle affirma
que ses protégés étaient tous vivants. Vers la fin de la
campagne, elle comprit qu'il lui en manquait un et, ne
sachant celui des trois qui avait péri, elle se renferma
chez elle pendant plusieurs semaines, et évita touté rencontre, surtout celle des mères qui auraient pu l'interro-
ger. Marie Lemoine, femme Huet, lui en fit doucement le
reproche quelque temps après. Marie Jouanne s'approcha
d'elle gravement, et lui dit à mi-voix : « J'ai été bien
inquiète : je ne savais pas lequel me manquait : j'ai eu
peur que ce ne fût le tien ; je redoutais de te voir : tu

---

(1) Cette maison n'existe plus, elle était adossée à celle de la Veuve Boullé.

m'aurais fait des questions, et ma réponse t'aurait fait de la peine. Maintenant, je sais : toi, tu peux te rassurer. »

Le *manquant* n'est jamais revenu.

Marie Jouanne abrita peu les prêtres chez elle. Son local ne le permettait pas, mais constamment, de jour et de nuit, elle se tint à leur disposition. Dans les circonstances, le conducteur et le porteur de sac était l'un des fils Lemoine. Assez souvent aussi, on réclamait le concours d'un voisin, le père de Rosalie Piel, morte il y a peu d'années chez les Petites Sœurs des Pauvres de Flers. C'était un jeune homme souple et alerte et surtout, il ne craignait pas sa peine. Mais, parce que pour ce genre de courses, on ne choisissait ni les beaux clairs de lune, ni les chemins directs, Piel se déchira souvent en passant les haies. Plus souvent encore, il roula au fond des fossés boueux, avec le sac et le prêtre dont il se croyait le soutien. Le jeune Piel ne s'en affligea jamais. Il était assez fier de sa noble mission.

Lorsque les jeunes conducteurs n'étaient pas disponibles ou qu'il aurait été imprudent de s'en servir, Marie Jouanne remplissait la fonction et portait respectueusement ce qui était nécessaire.

Les révolutionnaires le savaient ou, du moins, le soupçonnaient, et comme ils en éprouvaient une grande irritation, ils entreprirent de décourager cette fille du peuple par les plus ignobles tracasseries, et en frappant sur elle à coups redoublés, ils eurent l'espérance de jeter la terreur et l'effroi dans tous les cœurs. Les impies perdirent leur temps. Les bons chrétiens restèrent dévoués à la bonne cause, et Marie Jouanne ne se départit pas un instant du rôle qu'elle s'était imposé. Cette respectable personne avait plus de quarante ans en 1791. Elle n'avait point de protecteurs puissants. On ne redoutait aucune représaille du côté de sa famille. On en fit une martyre. Elle devint le bouc émissaire, la victime expiatoire.

Le curé-jureur s'entendit avec les révolutionnaires

ardents. Au début de la Révolution, les sectaires avaient estimé plaisant de faire donner le fouet aux femmes qui n'acceptaient pas leurs folies. Deux religieuses de Saint-Vincent-de-Paul furent publiquement fouettées sur les marches de l'église Saint-Roch. A Joué-du-Bois, une fille courageuse s'en vint de son village pendant la nuit, pour déchirer une affiche où l'on voyait deux petits bâtons croisés avec cette inscription :

Verges patriotes
Pour fouailler les dévotes

Un peu plus tard, on inventa la promenade sur la bourrique.....

Le jour de Noël 1791, Marie Jouanne y fut placée à rebours. On lui mit la queue en main, et des méchants la promenèrent à travers la bourgade. La brave chrétienne fit bonne contenance. Une partie des révolutionnaires qui l'entouraient était composée d'étrangers, l'autre avait été recrutée parmi d'ignobles vauriens. D'un coup d'œil, elle l'eut vite remarqué. Oubliant l'extrême rigueur de la journée, qui était froide entre toutes, elle se pencha doucement sur le dos de l'animal ; alors, avec un sourire malin et d'un geste significatif, elle osa apostropher les hommes du cortège et leur dire : « Citoyens, vous n'en voudriez pas une prise ! »

Quand elle eut ainsi mis les rieurs de son côté, elle entonna ses plus beaux cantiques. Sa voix était limpide et agréable. Les chants d'église faisaient ses délices. Monsieur Josset avait utilisé son talent. Marie Jouanne était la chanteuse de ses grandes fêtes. (1) La foule écouta sa voix avec ravissement et admiration. Elle l'applaudit du cœur et des yeux, et Marie Jouanne en fut fortement

---

(1) Le cantique de Marie Jouanne a été conservé comme une relique par la famille Poirier. Madame Poirier aînée était née Lemoine.

encouragée. Ses Noëls eurent bientôt raison des paroles ordurières des patriotes.

Les révolutionnaires ne se tinrent pas pour battus. Le dimanche suivant ils voulurent mater les catholiques en renouvelant les mauvais traitements du jour de Noël. Ils le firent avec une rage de damnés.

De grand matin, ils arrivèrent à la Bunodière. Au saut du lit, Marie Jouanne fut appréhendée. Quand l'heure de la messe fut venue, on la força d'y assister. Après l'office, on la monta sur un âne qui, cette fois, était beurré de poix. La pauvre victime y fut assise. Et, après avoir été promenée à travers la bourgade, entourée de vauriens et d'enfants qui agissaient sans doute inconsidérément, on lui fit prendre le chemin de Sainte-Honorine. Les fidèles de cette paroisse avaient également besoin d'une rigoureuse leçon. L'escorte faisait grand fracas lorsqu'elle passa au petit Moulin. Le grand-père d'Euphrasie Chaiset (Lemarchand des Vallées) était sur *sa montée*. Il aperçut le cortège et comprit. En rentrant chez lui, il dit aux siens : « Ah ! mon Dieu ! Voilà encore qu'ils torturent la pauvre malheureuse ! » Ses enfants ont retenu sa réflexion et la tristesse qu'il manifesta.

Dans ce pays, l'amusement ordinaire était devenu pour les badauds et les méchants, la promenade sur la bourrique. La liberté de cette époque réclamait que l'on martyrisât quelque honnête personne. Lorsque l'on n'avait pas d'âne sous la main, l'on prenait dans les champs la première haridelle que l'on pouvait saisir. Le propriétaire de la pauvre bête n'était ni prévenu ni remercié. Il n'avait pas même le droit de se plaindre. Il s'estimait heureux quand son cheval ne lui revenait pas en trop mauvais état.

Un soir, on avait promené Marie Jouanne par le Meslier, la Bernotière, la Forge et la Gaudinière. On avait suivi des chemins rocailleux et très difficiles. Marie Jouanne supporta toutes les avanies sans se plaindre, mais quand ses bourreaux la descendirent de sa monture auprès de Queue d'Aronde, elle se permit de leur dire avec ironie : « Merci, mes garçons, merci, vous m'avez procuré une belle promenade, ce soir, vous m'avez bien divertie, j'espère que je vais bien dormir. Maintenant : Au revoir ! » Et elle les laissa abasourdis sous le piquant de sa réflexion.

Ces mascarades honteuses et grossières se renouvelèrent souvent et, triste détail, que les vieillards ont recueilli de la bouche de Marie Jouanne, ceux qui la traitèrent le plus brutalement furent surtout de mauvais catholiques. Les protestants étaient nombreux à Athis. Les événements de la Révolution pouvaient leur paraître une revanche de la Révocation de l'Edit de Nantes, un renouveau des ravages et des massacres qui avaient marqué leur apparition dans nos contrées, alors que Coligny y promenait ses reîtres allemands, Montgommery et la Poupelière leurs insurgés : « Cependant, observait Marie Jouanne, plusieurs de ces protestants m'ont été bons, ils ont calmé les patriotes et m'ont épargné quelques-unes de ces fureurs qui m'auraient fait mourir. »

Les anciens qui ont connu Marie Jouanne citent sur son compte des faits absolument merveilleux. Après une de ces promenades sur la bourrique, où elle avait été maltraitée plus encore que de coutume, elle rentra chez elle toute découragée. Brûlante de fièvre, elle ne pouvait dormir, une plainte irréfléchie s'échappa de ses lèvres : elle suppliait Dieu de lui épargner, à l'avenir, des tortures aussi cruelles; elle aperçut alors devant elle, au milieu d'une auréole brillante, un beau Crucifix, que tenait une main céleste. La brave chrétienne comprit; d'un bond, elle sauta de son lit et, se prosternant la face contre terre, elle demanda humblement pardon de son manque de résignation. Lorsqu'elle se releva, les coups qu'elle avait reçus, nombreux et violents, ne la faisaient plus souffrir.

Une autre fois, elle eut pour persécuteur un homme

du village de Cingal, en Sainte-Honorine, nommé M... Comme tous les renégats d'occasion, il s'était conduit en vrai forcené. En chemise, la corde au cou et la queue de la bourrique à la main, Marie avait été promenée du bourg d'Athis par le chemin de la Cochetière, de la Gaudinière et des Vallées jusqu'à Sainte-Honorine, suivie d'une bande de forcenés qui frappaient sur la bourrique et sur elle-même. Elle était tombée souvent et très brutalement sur les pierres du chemin. M... l'avait relevée sans aucun égard, à la manière des bourreaux qui accompagnèrent le divin Sauveur au Calvaire. En rentrant chez lui, après son expédition inhumaine et impie, M... trouva sa fille en danger de mort. Ni le médecin, ni la sage-femme, ni les commères du village n'avaient pu la délivrer ni lui porter aucun soulagement. M..., qui aimait sa fille, était consterné. Il se mit à prier avec les personnes présentes, les souffrances continuaient, la mort approchait visiblement. Ce fut alors que l'une des femmes se tourna résolument vers le père en lui disant : « Allez chercher Marie Jouanne, elle seule est capable d'être exaucée. » M... répondit avec découragement : « Comment voulez-vous que je le fasse après tous les mauvais traitements dont je viens de l'accabler. — Il le faut, répondit la voisine, vous lui demanderez pardon. » Le père s'en vint honteux, par le chemin du Domaine, le remords au cœur et la prière aux lèvres. Quand il frappa à la porte de sa victime, il entendit une voix qui lui répondit, avec une brusquerie dont Marie Jouanne ne se rendait pas compte, un « Qui est là ? » retentissant. M... tressaillit et fut obligé de se nommer : « Ah ! c'est toi, misérable, répondit Marie, et après m'avoir traitée comme tu l'as fait, après avoir renié ta religion et ton Dieu, tu viens réclamer le secours de mes prières : tu ne manques pas de toupet ! » Et, à la suite d'un court silence, elle ajouta : « N'importe, va-t-en : quand tu rentreras chez toi, tout sera prêt. » Il en arriva chez M... comme chez le centenier de l'Evangile. A l'heure même,

sa fille était heureusement accouchée d'un enfant vigoureux. Combien aurions-nous pu citer de faits semblables
si nous avions été là plus tôt pour les recueillir !

La dévotion de Marie Jouanne à la Sainte Vierge
était grande et, la première du pays, peu après 1830,
alors que le culte à la Vierge n'avait pas les manifestations qui se sont multipliées depuis, elle faisait de
beaux Mois de Marie et chantait de si touchants cantiques
que l'on y accourait chaque soir avec un saint empressement. Elle a prédit l'heure de sa mort et, suivant
plusieurs, son corps, aussi bien que celui de l'abbé
Prieur, son ami, a été retrouvé intact après un long
espace de temps.

Marie Jouanne atteignit les années extrêmes de la
vieillesse et fut préservée d'infirmités. Son corps était
courbé, amaigri, mais son intelligence et sa mémoire
étaient demeurées entières. Comme cinquante ans plus
tôt, elle était toujours apôtre, toujours zélée pour la
cause de Dieu. Bien qu'elle fût pauvre, le clergé de la
paroisse qui venait d'être renouvelé et ne connaissait par
là-même la pieuse chrétienne que vaguement, voulut
assister à son inhumation. Elle eut lieu le 16 février 1838.
Marie Jouanne avait accompli ses 91 ans.

Marie Jouanne ne fut pas seule à être *bourriquée*,
suivant l'expression vulgaire. Tous ceux qui n'étaient pas
du parti du curé-jureur étaient exposés au même affront.
De préférence, on choisissait ceux qui étaient signalés
aux autorités comme plus ardents et plus dévoués à la
cause des curés réfractaires. La parente des Lesieur, qui
avait épousé Corbin du Poirier, fut dénoncée des premières. Aussi, à la première occasion, la bande des
bourriqueurs la saisit à l'entrée du bourg d'Athis et sur
son refus de venir à la messe de l'intrus, on l'installa sur
l'âne et on la reconduisit avec tapage jusqu'à son
domicile. La femme Corbin se défendit avec crânerie. Les
hommes du village étaient nombreux et réputés bons

catholiques. Les *bourriqueurs* n'osèrent plus s'attaquer à la brave femme. Leur fanatisme chercha d'autres victimes. Une des religieuses de la Providence de Séez que la famille Le Gonidec avait établie près du cimetière de Sainte-Honorine, fut l'objet de leurs persécutions et promenée semblablement sur l'âne.

Les nouveaux maîtres d'Athis enhardis par le succès et par les encouragements des autorités supérieures voulurent frapper plus haut.

La famille Dumesnil habitait le hameau de la Craimière. Leur maison est toujours debout. Elle avait un aspect, une cour et un jardin, indiquant l'aisance. Dès le premier jour, Mme Dumesnil, femme très intelligente et profondément chrétienne, manifesta la grande répulsion que lui inspirait l'intrus. Elle devait connaître ses parents, son origine et ses antécédents.

A son arrivée, elle ne craignit point d'affirmer bien fort qu'elle n'assisterait certainement pas à sa messe. Le propos fut rapporté aux autorités. En voici la preuve : « Le 12 septembre 1792, Jean Huet, maréchal, demeurant au bord de l'étang, s'étant présenté à la mairie, déclara que la femme Dumesnil avait dit à sa femme de ne point aller à la messe ; que ce n'étaient que des intrus ; que c'étaient des malheureux, et que ceux qui assistaient à leur messe faisaient autant de sacrilèges ; Huet affirma de plus : Mme Dumesnil me tendant la main sur l'étang me dit : « Tenez bien la main, *Champ Rond* et n'allez pas à leur messe. Nous aurons bientôt gagné. » Elle a depuis déclaré que le curé n'était qu'une brebis égarée dans le troupeau et qu'il fallait le chasser. (1) »

Le curé intrus et ses amis prirent la résolution de tirer vengeance d'un langage aussi ferme et aussi indépendant. M. et Mme Dumesnil furent donc placés chacun sur leur âne, comme on l'avait fait pour Marie Jouanne

(1) Registres de la Commune.

et, pendant que M. Dumesnil était conduit à travers la bourgade, sa femme fut amenée à la porte de l'église. La messe allait bientôt commencer. On la fit entrer dans le lieu saint, et comme le jureur était de connivence, il s'avança vers elle, le goupillon en main et l'aspergea avec abondance, jusqu'à ce que la grande coiffe qu'on lui avait fait prendre en fût trempée et que l'une des longues ailes retombât tristement sur sa figure.

M. et Mme Dumesnil ne furent ni terrifiés ni corrigés. Ils continuèrent de s'éloigner des jureurs avec une répugnance visible, et rendirent aux prêtres fidèles des secours fréquents et généreux, au péril de leur vie. Nous les retrouverons dans la suite de ce récit. (1)

L'opposition ainsi faite au curé-jureur par la chrétienne population d'Athis, et la présence du grand nombre de prêtres fidèles qui circulaient de tous côtés, achevèrent d'irriter ce malheureux Leconte, dont le langage, nous l'avons vu, caractérisait un état d'esprit bas et grossier, prêt aux pires violences. Il avait invité la municipalité et le Comité de surveillance à mettre en exécution la loi sur les suspects. Il vit sans doute sans regret la dévastation de son église et la destruction des statues. En vint-il à renoncer totalement à son sacerdoce, à brûler ses lettres de prêtrise, à se marier comme le firent Boutigny, de la Carneille (2) et Petit, de Rouvrou ? On raconte dans la paroisse qu'il tomba dangereusement malade, frappé de l'un de ces maux étranges, où la foi populaire voit le

---

(1) Mademoiselle Françoise Dumesnil épousa Jean-Archange Garnier, l'ancêtre des deux abbés Garnier de Flers, dont l'aîné est mort religieux du St-Esprit ; le cadet a été vicaire à Athis en 1894.

(2) Boutigny quitta La Carneille à cause des tracasseries de Bertrand, de l'Hodiesnière qui montait sur son banc pour contredire les sermons du curé. A Magny-le-Désert, il épousa sa servante, et en eut deux fils, Manlius et Régulus. Sa fille Dina épousa Drouin, de la Motte-Fouquet. Le cardinal Caprara légalisa par un bref ce triste mariage. Boutigny, devenu percepteur, mourut à Domfront en mangeant une beurrée de graisse d'oie, un vendredi. Sa veuve se retira à Joué-du-Bois. Ses fils s'établirent, l'un à Carrouges, l'autre à la Ferté.

châtiment divin. Il était couvert de pourriture, rongé par des vers, plein de fourmis. Sa mère vint lui proposer ses soins. Tout en s'occupant de la santé du corps de son malheureux fils, la brave chrétienne pensait surtout à son âme et, avec toutes les précautions que lui inspira son amour, elle supplia le renégat de se convertir et de se réconcilier avec l'Eglise et avec Dieu. Elle fut vivement éconduite : « Il est trop tard, laissez-moi tranquille. Ne me faites pas souffrir davantage pendant que je vis encore. » (1)

(1) Un Jean-Jacques Leconte, né à Larchamps, de Jean et de Marie Binet, avait été tonsuré par Mgr de Cheylus, le 22 septembre 1782. Un Leconte fut avoué dans la rue aux Namps, à Caen, jusqu'en 1829.

Est-ce le même ? Lequel est le nôtre ?

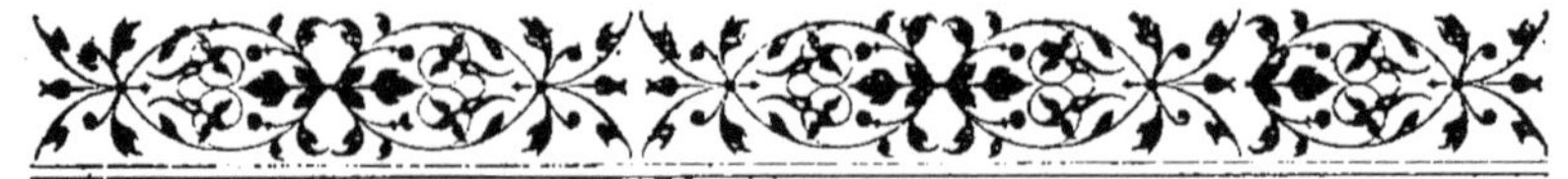

CHAPITRE VIII

Les Années 1793 et 1794

La gestion tracassière de la municipalité précédente, les excès de pouvoir de Louis Mousset, amenèrent une réaction, le 19 Février 1793, à l'époque où la Terreur faisait peser sa main de fer sur la France entière. En ces années, où la Convention envoya à l'échafaud Louis XVI, Marie Antoinette et Madame Elisabeth, en ces années où la noblesse et le clergé étaient traqués comme des bêtes fauves. En ces années qui virent les églises dévastées, les cloches confisquées et la déesse Raison sur les autels. En un pays où un Conventionnel ardent était à la tête d'une colonne mobile qui visitait et terrorisait quatre cantons : Athis eut le bonheur d'avoir à sa tête des hommes habiles et modérés. Le maire, François Bohard, était un simple armurier habitant une modeste maison au milieu du bourg. (1) Son instruction était très ordinaire, et il avait l'expérience que l'on peut avoir à trente ans. Son procureur fut Denis Rousseau, son voisin et ami. (2) Voyons-le à l'œuvre. Le registre des délibérations nous servira de guide.

Dès le premier jour, il régla la question des sonneries pour les baptêmes et les inhumations. Il prescrivit qu'on

---

(1) Sa femme, Charlotte Lémonnier, a étrenné le nouveau cimetière. L'un de ses fils a habité Rennes, un autre, Lorient, un autre, Paris ; il a eu plusieurs filles.

(2) Denis Rousseau avait à Treillebois la petite ferme que possède maintenant Lamarre, son petit-fils. La fille de Rousseau épousa Retout, de Condé, d'où l'abbé Retout, prêtre habitué à Bayeux, les enfants Lamarre, sœur Lamarre, supérieure à Dieppe. Une rue de Condé s'appelle rue Rousseau.

donnât une volée en partant pour aller chercher la bière,
et que l'on sonnât l'Angelus comme à l'habitude, tout
cela pour contrecarrer le Curé-jureur. Il délivra des certificats favorables à deux religieuses : Anne Boisne, dame
Religieuse des Ursulines de Vire, retirée chez son père,
à Sainte-Honorine, et à Marie-Suzanne Huet, de la
Bunelière, ci-devant religieuse de la Providence de Séez.
Il agit avec la même charité envers M. Francour, frère
du curé constitutionnel de la Lande Saint-Siméon (Gra-
tien-Pierre-Charles-Thomas Beaupré) ; envers Nicolas et
Jean-Baptiste Hesnard, de Laumière ; Nicolas Husnot, de
la Bunelière ; M. de Saint-Germain ; Charles-François
Legallois, âgé de 33 ans, qui s'était retiré avec la
citoyenne des Joncherets, au Val du Moulin, chez le
citoyen François Boisne, depuis le 11 Ventôse précédent jusqu'à Thermidor ; envers Eulalie de la Lande
de la Croix, et de même envers tous ceux qui étaient
soupçonnés d'émigration.

Pour protéger les citoyens contre les brigands signalés
aux alentours, il désigna six fusiliers, réquisitionna les
meilleurs chevaux pour les monter. Une sentinelle fut
chargée « de ne laisser circuler personne avant d'avoir
examiné son passeport, avec ordre de ne point permettre d'approcher du corps de garde, ni de la Mairie,
et d'appeler l'officier de garde. » Les nationaux reçurent
aussi le commandement de faire des patrouilles dans les
villages : s'ils apercevaient quelques brigands, ils devaient
les arrêter. L'arbre de la Liberté fut préservé par une
solide palissade. Des certificats furent délivrés à Nicolas-
Pierre Husnot, docteur en médecine, âgé de 29 ans, et
au chirurgien Fauvel, qui exerçait depuis 17 ans. Le
11 mars, le maire essaya vainement d'apaiser une émeute
qui s'était formée dans le but de briser les chaudières à
cause du prix exhorbitant des boissons et du bois. Bohard
aurait voulu convoquer la garde nationale, mais les
hommes de la garde étaient parmi les révoltés. Pierre

Mousset de la Cerfetière, encouragé par son père, refusa même de mettre son uniforme.

Le 22 avril, le maire réprimanda quelqu'un qui avait battu le *custos*, Louis Restout.

Le même jour, il dressa l'inventaire des biens de la Chapellenie. (1)

(1) Aujourd'hui, dix-huit floréal, l'an deux de la République une et indivisible. Etat des fonds de Chapellenie de notre commune, ainsi qu'il suit :

Une rente foncière de vingt-cinq livres par an, faite par Denis Rousseau, du bourg d'Athis ;

Une petite maison servant de boulangerie, et grenier dessus ;

Item. Une pièce de terre labourable, nommée les Grandes Maladeries, contenant environ une vergée et demie ;

Item. Une autre pièce de terre labourable, nommée les Petites Maladeries, contenant environ une vergée ;

Item. Au village du Buat, une petite pièce de terre labourable, contenant environ quinze perches ;

Item. Une carrée de maisons servant de salle, grange, grenier de dessus la maison, derrière, au bout, un petit plant sur lequel une boulangerie, ou mauvais fournil ;

Item. Une petite étable, avec jardin à légumes au bout, contenant le tout, environ quatre perches ;

Item. Un lot ou portion de terre labourable nommée les Clots des Rulles, contenant environ six perches, plantée d'arbres fruitiers ;

Item. Une petite maison, salle, le grenier dessus avec étable au bout ;

Item. Une petite pièce de terre en pré nommée le pré Rasteau, contenant environ une vergée ;

Item. Une carrée de maisons servant de grange, pressoir dedans, une chambre dessus (brûlés) ;

Item. Une autre pièce de terre labourable nommée les Goudry, le clôt Renou contenant environ trois ares avec les haies avec, appartenant le tout....;

Item. Au bas du village la plus grande pièce..... contenant environ six perches ;

Item. Une pièce de terre nommée les Trois-Coins, contenant environ demi-acre ;

Item. Une pièce de terre labourable nommée la Vallée, contenant demi-acre ;

Item. Aux Bourses, une pièce de terre en pré contenant demi-acre ;

Item. Une portion de terre labourable nommée le Clos Jouenne, contenant environ une demi-vergée ;

Item. Une portion de terre labourable nommée Lacre ;

Item. Une portion de terre labourable, avec pré au bout de la pièce, nommée le Goudry, et le pré de Brière, le tout contenant environ demi-acre ;

Item. Une pièce de terre labourable nommée la Courtière, contenant environ trois vergées ;

Item. Une petite pièce de terre en landis, contenant environ une demi-vergée ;

Item. Une pièce de terre en pré au bout... nommée le pré de la Chapellenie, contenant environ une demi-vergée.

Le 19 mai, François Bohard fut contraint, par le procureur de Domfront, de signifier, au citoyen Hébert, de ne point continuer à faire la classe « office dangereux à la République ». Le 29 Vendémiaire, on reçut, pour instituteur, Jacques Bonaventure. François Bernier, du Ménil-Hubert, fut designé pour instruire dans les villages, au lieu qu'on pourra, tout cela sur le papier.

Bohard apaisa, le 16 juin 93, une difficulté survenue à propos d'une cocarde qu'on avait arrachée à un citoyen Blin de Lautelore et une autre plus grave, puisqu'un homme en colère avait dit que les assignats n'étaient bons qu'à bourrer son fusil. Le 7 juillet, les assemblées avaient encore lieu au pied de la Croix du cimetière.

Le 17 octobre, le maire eut le chagrin de voir le vénérable M. de Saint Germain déposer, à la maison commune, son brevet et sa Croix de St-Louis (1). Le même jour, il fut obligé de blâmer Pierre Lebon qui avait mal parlé des volontaires et Barbé qui n'avait pas obéi au commandant de Noireau (2). Puis changeant de calendrier, sans tradition aucune, l'Octidi de la troisième décade du mois de Brumaire, an II, Bohard dut, avec tous les maires du canton, s'occuper des chevaux réquisitionnés ; une autre fois des paillasses et de 40 lits.

Bohard devait marcher plus qu'il ne l'aurait voulu, car il était minutieusement surveillé par la société populaire où dominait le curé jureur, un pur à tous crins qui, le 15 Nivôse, déclara se refuser à fêter l'Epiphanie (1794), « attendu qu'elle rappelle les Rois et choque son patriotisme ».

Cette fois, Bohard et la municipalité lui intimèrent l'ordre « de faire comme d'habitude » pour ne donner aucune prise au fanatisme. C'était raide et habile. Le curé s'en vengea en redigeant un violent pamphlet contre les ennemis de la société populaire.

(1) M. de Saint Germain avait mérité cette croix par 23 ans de service.
(2) Condé-sur-Noireau.

Le 21 Nivôse, en conséquence d'une lettre du Directoire de Domfront, datée du 18 Frimaire, qui ordonnait d'envoyer à la Monnaie toutes les cloches, à la réserve d'une seule par chaque commune, et de fournir quatre lits, F. Bohard réunit son Conseil. Ne pouvant pas s'opposer à un ordre si positif, les lits furent accordés par le canton, et calquant son style sur celui de Domfront, il écrivit : « Sera le surplus de plus d'une cloche par commune descendue et envoyée de même à Domfront, ce qui a été enjoint par la municipalité. » Le rusé normand avait son idée et son plan. Les cloches descendirent très tardivement et ne sont jamais allées à Domfront. Le même jour, sur la réquisition du juge de paix Lebon et de Jean Pringault, du comité de surveillance, le maire dut faire une perquisition chez M. de Saint-Germain. Le seul objet répréhensible qu'on y découvrit fut une somme de cent vingt-trois livres qui appartenait à M. Josset, ex-curé du lieu. Le même jour encore, un Ribard de Pont-d'Ouilly était venu apporter, à M. de St-Germain, de la part de son beau-frère de la Lande Ste-Croix, une somme de 150 livres ; le juge de paix, qui voulait ennuyer M. de St-Germain, alla réclamer son passe-port au voyageur. Ribard se révolta et envoya promener le juge de paix : « Il ne reconnaissait les ânes que lorsqu'ils étaient bâtés ! » Lebon fit appréhender et jeter l'insulteur en prison ; mais, sur l'intervention de M. de Saint-Germain et du maire, il fut relaxé. Le 23 du même mois, il fallut faire une perquisition chez M. de Girondin (1); mais de Girondin devenait un citoyen avancé et paraissait aux assemblées primaires. Le 6 Pluviôse, il fut certifié que Mme de Saint-Germain résidait à Caen depuis 1792. Trois jours plus tard, les membres du comité de surveillance, Jacques Lebailly-Meslier, secrétaire, Jean Hénard, Jean Lebon des

---

(1) M. de Girondin, de la religion prétendue réformée, était seigneur de l'Aunay-Derne.

Bouillons, Rihouey et Barbey, commissaires, vinrent faire du zèle à la Mairie. Voulant se rendre populaires, ils dénoncèrent les accapareurs de blé. Bohard se vengea spirituellement en ordonnant une seule perquisition chez l'un d'eux, Jean Lebon des Bouillons. Sa réserve de blé ayant été jugée trop considérable, il fut puni de cinq livres d'amende. Le 21 Pluviôse, la loi sur les étangs fut promulguée à Athis ; la municipalité en profita pour protester contre elle et réclamer les deux étangs de M. de Saint Germain, comme « ayant toujours servi pour l'irrigation, pour lavoir et abreuvoir ».

La société populaire n'était pas contente, car elle était d'accord avec les législateurs pour vexer les catholiques et les nobles. Le 21 Ventôse (11 Mars 1794), un membre de cette société, le Jureur, rédigea à l'occasion de la levée en masse contre les « brigands » de la Vendée, un délibéré ardent de faux patriotisme. Le maire fut également « requis de faire l'énumération des biens de M. Josset (1), de M. Houvet (2) et de M. Bellenger ci-devant curé de la Lande-Patry (3). »

Denis Rousseau voulut profiter de la loi qui remplaçait les procureurs par les agents nationaux pour se débarrasser du fardeau qui lui incombait. Bohard et son Conseil ne voulurent pas croire à son manque de connaissances. Il céda à leurs instances et continua les sévérités légales en y apportant tous les ménagements possibles. Deux commissaires, Pierre Louvet et André Cousin, accoururent de Domfront pour presser le sequestre des biens, affirmant qu'une fausse déclaration

---

(1) Monsieur Josset possédait, dans la rue du Conseil, la maison Lamarre et ses jardins.

(2) M. Houvet, curé de Ste-Honorine, avait recueilli de son oncle, curé d'Athis, une maison et les biens qui ont appartenu depuis à M. Foyer, huissier.

(3) M. Bellenger avait une jolie terre à la Cerfetière ; elle appartient présentement à Henri Perronnet. A cette époque M. Bellenger n'avait pas été curé de la Lande-Patry, mais vicaire.

était punissable des fers. Louis Mousset prit la défense de son maître, Daniel Mogendre, qui habitait Jouy, canton de Franqueville (Seine-Inférieure, maintenant Eure).

L'eau-de-vie de M. Josset fut d'abord vendue le 27 Février 1794, puis partagée sur la réclamation des habitants. On loua les appartements du presbytère à l'exception des bureaux de la municipalité qui se trouvaient dans les chambres où ont habité les deux vicaires d'Athis jusqu'en 1891.

Le citoyen Lebon après avoir prouvé qu'il n'était pas riche, réclama une parcelle du terrain de M. Josset, sans succès. Il y eut encore un grand nombre de délibérés sur les blés, sur les moulins, les bluteurs, les étangs, les réquisitions, et les gardes nationale et territoriale.

Le 30 Pluviôse an III (19 Février 1795), après une nouvelle élection, Fr. Bohard céda la place à Louis Blin-Letaillis, qui devint maire, et à Casimir Guillain, qui fut agent national. Daniel Lebon resta juge de paix avec différents greffiers.

Au maire Louis Blin, on adjoignit huit officiers municipaux (1), un agent national, et dix-huit notables parmi lesquels figure Louis Mousset.

Par la sagesse de François Bohard, et de son conseil, l'année 1793, nous venons de le voir, s'était passée sans trop d'ennuis. Avec la nouvelle municipalité, avec Louis Blin qui manquait d'énergie, et Louis Mousset qui avait trop d'audace, la Révolution produisit à Athis une partie de ses effets. Les jureurs furent délaissés, le presbytère fut légalement mis en adjudication, et peu après Jean-Jacques Leconte ayant pris domicile dans une maison particulière, le greffier Louis Mousset s'y établit comme dans une citadelle. Ce fut le fort Chabrol de l'époque.

---

(1) Lefebvre-Boisbisson, Pierre Vardon-Launay de la Lysandrée, qui bâtit sa maison en 1784 et y inscrivit : *Petrus Vardo me fecit*, P. Brocardières, P. Barbey de Valjoie, Jacques Lemancel de la Porcherie, Lebailly Louis, Louis Lemarchand le Jeune, **Louis Durocher le Neveu.**

CHAPITRE IX

Troubles

Bien qu'Athis ne fût pas aussi gâté que plusieurs des localités voisines, il contenait toutefois quelques exaltés, qui par conviction ou intérêt emboitèrent le pas avec les Terroristes.

Les catholiques qui entrèrent dans cet ordre d'idées ne furent pas nombreux. Lebon de la Vatumerais s'était signalé parmi les plus ardents, on en fit un juge de paix. L. Mousset joua un rôle prépondérant. Il fut dès le premier jour secrétaire greffier. André Le Comte de la Raffinière était un noble gueux, il devint le premier procureur de la commune, pendant que Madeleine Laisné de la Pilâtrière était le premier maire républicain.

La paix n'en régna pas davantage dans la commune. Les changements opérés contentaient seulement le petit nombre des ambitieux qui en avaient profité. La masse du peuple devant laquelle on avait fait miroiter de chimériques avantages, était déçue et déséquilibrée.

Les habitants d'Athis n'avaient aucune vengeance à exercer contre leur seigneur. Le souvenir de ses bienfaits n'était pas effacé des mémoires. Les cloches et l'école gratuite étaient des générosités récentes. De plus, chaque jour, (on en relève la preuve sur les registres paroissiaux,) les pauvres étaient secourus au logis d'Athis ; plusieurs qui étaient étrangers y furent reçus et soignés par charité, ils y moururent.

Les révolutionnaires n'en étaient pas plus contents et ce fut une déception pour eux de voir M. de Saint-Germain continuer de séjourner au milieu d'eux. Ils auraient préféré son départ et son émigration afin de se partager ses dépouilles.

Egalement très ennuyés de la répulsion qu'il avait manifestée à l'égard du Curé-Jureur, ils avaient essayé de l'en punir. A cette occasion, il se forma contre lui une cabale à la tête de laquelle se rangea une partie des hommes de la Vatumerais et de Chennevières-sur-les-Vallées. Leur dessein était d'entraîner avec eux les fils de Lebon, fermier aux Champs. Le père Lebon, qui eut vent de ce projet, ne partagea pas leur avis. Avec raison, il regardait comme de la dernière inconvenance que ses enfants à lui fermier, allassent insulter chez lui leur vénérable seigneur. Lorsque la coalition de la Vatumerais se présenta, Lebon l'accueillit avec des apparences de regrets, mais il n'avait pas été prévenu et ses fils étaient à la foire de Briouze ! ou ailleurs ! En guise de consolation et pour n'irriter personne, il offrit une grande *bidonnée* de cidre.

Peu après, la bande arrivait effrontément au château. M. de St-Germain fut contraint de se rendre à la messe du Jureur et, comme actions de grâces, on le reconduisit à son domicile. Le seigneur dut la désaltérer, car la prière avait desséché les lèvres de ces dévôts d'occasion. Il le fit copieusement. Rendus ainsi plus audacieux, ils réclamèrent les aveux et tous les papiers où étaient consignés les redevances diverses des vassaux. M. de St-Germain s'exécuta de bonne grâce. Les pièces du chartrier furent livrées aux flammes sur le milieu de la place. En entendant les cris de triomphe, en constatant les trépignements de joie et l'exaltation de la foule dansant autour du brasier, le bon seigneur comprit le danger. Allait-on le traiter comme l'avait été le marquis de Ségrie en 1789 ? L'un des hommes présents vint le saisir par le bras et voulut l'entraîner au milieu de la ronde effrénée. Alors le seigneur se redressa avec dignité et lui dit doucement : « Mon ami, je ne vous ai jamais fait de mal, ni à vous, ni à vos camarades, ne m'en faites pas non plus. »

Ce fut son salut. M. de St-Germain ne fut pas maltraité. Les gens de la Vatumerais s'en retournèrent glorieux comme s'ils eussent mis en déroute une armée rangée en bataille ! Aucun d'eux n'en a été plus riche.

De nos jours, il se rencontre parfois des gens misérables qui, par lettre anonyme et sans profit aucun, dénoncent lâchement des compatriotes inoffensifs. Pendant la Révolution, les délations furent journalières et publiques. C'était le moyen de paraître bon patriote et de se concilier les faveurs de l'Etat. Nous en étions bien à ces tristes jours prédits par l'Evangile, où le frère livrerait son frère à la mort, et le fils son père (1). Il en résulta des manifestations et des contre-manifestations des plus regrettables. Nous en dirons quelques incidents.

I

Croix-Quentin

Les Croix que la piété des fidèles avait érigées à la plupart de nos carrefours furent abattues et profanées dès les premiers jours dans plusieurs communes voisines. La présence de Fr. Bohard à la tête des affaires les fit respecter à Athis, longtemps encore. Les révolutionnaires se hâtèrent de les faire disparaître dès qu'ils rentrèrent au pouvoir. Il en restait une auprès de la propriété du chirurgien Fauvel, des Rivières. Fauvel n'était pas un dévot ; il donna même en plusieurs circonstances « des preuves évidentes d'un patriotisme ardent » ; (2) mais les Croix ne troublaient pas son sommeil et il ne voyait pas l'avantage que la Révolution pouvait tirer de toutes ces destructions maladroites. L. Mousset ne partageait pas ses sentiments. Les Croix l'horripilaient affreusement. (3)

---

(1) S. Matthieu, Chap. X.

(2) Factum du Curé jureur.

(3) Le 22 Avril 1792 et même le 7 juillet 1793, les publications et assemblées se faisaient encore au pied de la Croix du cimetière.

Il vint donc un matin à la Croûte, chez le citoyen Fauvel, pour l'engager à renverser cet emblême de la superstition. Pendant quelque temps, Fauvel écouta les déclamations de son confrère : « Ton patriotisme nous est connu, disait-il, mais comment la Croix-Quentin est-elle encore debout ? » La patience de Fauvel fut vite épuisée. Par tempérament, il n'aimait ni les observations ni les ordres ; pas même ceux de l'ami Mousset. Redressant sa grande taille et le regardant bien en face, il lui dit de sa plus forte voix : « Est-ce que cette croix te gêne, toi, Mousset ? Pour moi, elle ne me gêne point ! Abats-la si tu veux, moi, je n'y toucherai pas. » Et il le laissa en plan. Mousset resta abasourdi. Mais les patriotes de ce temps avaient de la constance. Mousset fit démolir la Croix.

II

Les Cloches

Il aurait bien voulu faire également disparaître les cloches ; mais il n'était pas maître tout seul. Bohard bon papa et Delozier, des Terriers, entravèrent constamment son mauvais dessein. Les cloches, descendues, ne quittèrent pas la paroisse. Nous les avons encore. Delozier, des Terriers, reçut l'ordre de les transporter au district, mais les chevaux réquisitionnés eurent tant de maladies, les voitures furent si souvent endommagées ou prêtées, il y eut à la ferme de si nombreux embarras que Delozier ne fut jamais en état de partir. (1)

III

L'Eglise

Par la même qu'il n'y avait plus ni prêtres, ni cérémonies, ni messe, ni offices d'aucune sortes, l'église

(1) M. Jean Marie m'a affirmé que L. Mousset aurait, de dépit, fait transporter les cloches en son domicile de la Cerfelière. Nous n'avons pu contrôler ce fait.

devenait inutile. On la mit en adjudication. Le désir de
Mousset était de la détruire et d'en vendre les matériaux.
Bon papa Bohard, qui jouissait d'une grande influence
auprès des membres du Conseil, fit prévaloir un sentiment
opposé et après se l'être faite adjuger pour la somme de
50 livres, il affirma que son intention était de la rendre
plus tard à la Commune qui saurait bien en tirer profit,
« ne serait-ce, ajoutait-il, que pour en faire des halles, une
salle de réunion, un magasin quelconque.

IV

Les Chouans

L. Mousset continua d'habiter le presbytère, où il se
barricada de plus en plus fortement. Il avait une peur
bleue des aristocrates et des chouans, et non sans raison.
Il avait fait tant de mal. D'autre part, l'absence de tout
culte et de toute religion n'avaient pas moralisé la contrée.
Les colonnes mobiles circulaient pour le compte de la
République, les vrais chouans pour celui du Roi, et la
foule des vauriens et des sans-conscience pour leurs
propres intérêts. Il fait toujours bon pêcher en eau
trouble. Les lois étaient sévères, mais la justice n'était
observée nulle part. Il n'y avait plus de maréchaussée ;
les gendarmeries n'existaient pas encore. Aussi, au milieu
de ce chaos, il n'est guère possible de classer les méfaits
qui affligèrent alors la localité.

La chouannerie normande n'a été organisée qu'au
printemps 1795 par le général de Frotté. Mais, dès 1794,
elle avait déjà de nombreux adeptes : Michel Guesdon,
à Mantilly ; Moulin, à Saint-Jean-des-Bois ; Alexandre
Billard entre Ambrières et Juvigny, tenaient les républicains en respect dans ce coin de la Basse-Normandie.
Moulin se battit, à Montsecret, le 12 mars 1795.

Les chouans du général de Frotté firent certainement

des recrues parmi les jeunes gens d'Athis. Les deux de Prépetit (Planquivon et Lajoue), qui furent tués après l'échauffourée du moulin de Pelerat, en Saint-Pierre-d'Entremont, avaient entraîné après eux un certain nombre de partisans. On en cite qui appartenaient à de bonnes familles, d'autres avaient une réputation moins irréprochable. Les mœurs de l'ancien régime permettaient aux officiers de ne pas se montrer difficiles sur les vertus des soldats. Il en fut de même pendant les guerres de la chouannerie.

La colonne mobile de la Carneille, formée et commandée par le régicide Bertrand l'Hodiesnière, était recrutée de volontaires et surtout de jeunes gens que l'on incorporait par la menace et les vexations. Sur les quatre garçons de la ferme de la Blanchère, en Ronfeugeray, Bertrand en fit enrôler deux au grand déplaisir de M. de Percy, leur maître. On agit de la même manière dans les environs.

La légion des chouans, dont le siège était à Flers, avait pour but de contrebalancer l'influence de la colonne républicaine. Son recrutement se fit parmi les réfractaires. Elle eut des volontaires résolus, d'autres marchèrent quelquefois par une demi contrainte.

Les deux bataillons ennemis manœuvrèrent sur le même terrain, bien souvent très près l'un de l'autre. Ils eurent une rencontre assez sanglante dans le cimetière de la Lande-Patry et les partisans de chacun des deux camps s'envoyèrent fréquemment des coups de fusil et lancèrent leurs patrouilles là où ils soupçonnaient des adversaires. Il en résulta de nombreux actes de vengeance, des réquisitions injustes, des pillages fréquents et quelques assassinats. Les bleus frappaient sur les amis des chouans et ceux-ci, à leur tour, essayaient de châtier et d'intimider ceux qui leur étaient signalés comme d'ardents républicains.

Les gens d'Athis durent, presque nécessairement,

prendre parti ou en avoir l'apparence. Le voisinage des deux centres, Flers et la Carneille, leur attirèrent d'incessantes incursions. Il fallut donc se cacher ou suivre des bandes qui ne badinaient pas avec les hommes robustes qu'ils rencontraient.

Parmi ceux qui suivaient momentanément les de Prépetit, l'on m'a désigné Jean Huet, des Avenages. Un premier narrateur me l'ayant présenté sous des couleurs peu avantageuses, j'ai voulu savoir comment l'abbé Prieur avait pu passer deux années auprès de cet homme réputé méchant. Mes recherches m'ont procuré des résultats satisfaisants. Jean Huet naquit aux Avenages, en 1769, douze jours avant ou après Napoléon Ier. Sa force était légendaire (1), sa bravoure allait jusqu'à la témérité. Ses absences ne furent jamais bien longues. Après chacune de ses excursions, il se retirait aux Avenages, chez sa sœur Catherine, qui habitait au milieu du premier carré de maisons du village. Lorsque les bleus connurent sa manière d'agir, ils essayèrent de le surprendre. Une fois, il aurait été pris sans l'audace dévouée de sa sœur qui barra le passage aux hommes de la patrouille, pendant que Jean Huet s'enfuyait par une venelle vers les bois du Baronnet. Les soldats se contentèrent de lui envoyer quelques coups de fusil. Ils n'eurent pas, heureusement, la pensée de le poursuivre. Atteint au genou par une balle, le fugitif avait été contraint de se jeter dans un buisson, après avoir recommandé à un petit berger, qui l'avait vu, d'affirmer qu'il était bien loin. Il s'était lié le genou avec son mouchoir pour qu'on ne pût le suivre à la trace de son sang. Peu après, il se rendit à Tournebu et y attendit la pacification. Il revint aux Avenages. Beaucoup lui en voulurent d'avoir été avec les chouans. On a

---

(1) Lorsque, dans la contrée, les hommes étaient incapables de remuer quelque fardeau, ils redisaient constamment : « Il va nous falloir aller chercher le grand Jean, de Tournebu. »

eu partout la même répulsion. Le peuple honnête et tranquille a flétri indistinctement tous ceux qui prirent les armes pendant la Révolution et terrifièrent leurs compatriotes par des expéditions nocturnes.

V

Aux Champs

Une troupe, nous ne savons laquelle, se présenta un jour à la ferme des Champs, à un kilomètre du bourg d'Athis (1). Elle était tenue par la famille Lebon, dont l'un des membres est allé à la Bâtonnière et plus tard aux Bourbes de la Lande, sur une des anciennes terres de M. de Noirville, marquis de Ségrie. Les Lebon étaient vigoureux, prudents et bons tireurs. Chaque soir, ils avaient soin de bien clore leur vieux castel. A l'approche de la bande, ils saisirent leurs fusils, se postèrent dans la tourelle vers le haut de l'escalier, et attendirent. Comme la porte offrait de la résistance, les rôdeurs allèrent chercher, sous la remise, une charrette à bœufs, et, la plaçant bien en face, ils en lancèrent avec force le gros timon sur les battants qui finirent par céder. Ils prirent dans la maison ce qui parut à leur convenance. Quelques-uns d'entre eux gravirent les premières marches de l'escalier de bois de la tourelle et s'arrêtèrent heureusement (2). Les frères Lebon étaient disposés à vendre chèrement leur vie. Armés comme ils étaient, ils en auraient tué au moins quatre, nous a dit Jean Groussard, le fermier qui leur a succédé. Ils avaient de plus à défendre

---

(1) Le logis est une grosse maison à portes rondes et à cheminées ouvragées. Les chambres étaient vastes. On avait le projet de mansarder les greniers. Les foyers furent même préparés. Au bout d'une rangée de bâtiments, l'on voit les restes du manoir primitif avec croisées à meneaux et accolades.

(2) Chaque marche de cet escalier est composée d'un madrier de chêne, plein bois.

leurs femmes et l'aîné, marié à Mlle Anfrye, un enfant qui venait de naître (1). Un peu plus tard, la même bande ou une autre, se rendit à la Vatumerais, chez Daniel Lebon.

VI

Daniel Lebon

Daniel Lebon, le premier Juge de Paix d'Athis, avait une certaine instruction. Aux yeux des survivants de sa famille, il était le plus savant et le plus capable du canton. Les Frères de Caen avaient été ses maîtres. Sa demeure a été transformée. Son neveu, le capitaine, habitait au haut du village la ferme Taillebois; lui, résidait en bas, là où l'on voit une porte ronde et les escaliers des maisons Morel et Leboucher.

Les Lebon étaient riches. Ils possédaient des terres à la Vatumerais, au camp du Fresne, à la Butte-à-Pou et à la Métairie (2). La fille du juge de paix, Catherine, épousa Aubrais de la Gautrais, en Ronfeugeray (3). D. Lebon fut un fervent des idées révolutionnaires. La place qu'il accepta lui imposait fréquemment de pénibles corvées. L'ordre n'était pas facile à maintenir, les méchants débordaient de tous côtés. Chaque semaine, de nouveaux forfaits étaient commis sur le territoire du canton, et souvent même sur celui de la commune. Il fallait punir les coupables et poursuivre ces bandes de maraudeurs. Il fallait de plus surveiller et molester ceux que l'on appelait alors les suspects. Or les suspects étaient les bons catholiques, ceux qui s'exposaient volontiers à toutes les avanies et persécutions pour abriter et

---

(1) Ceux qui dévalisèrent les Champs étaient, paraît-il, les Lesclots, de Caligny. Ils prirent la monnaie et ne découvrirent pas les pièces.

(2) Ferme Delozier vendue pour racheter l'un des fils qui ne tenait pas à s'en aller cueillir des lauriers en Russie.

(3) Leur fille épousa Lefèvre, le vieux sacristain ; elle était née en 1806.

recevoir les prêtres ayant refusé le serment. Cette besogne délicate pouvait se faire avec exagération ou avec prudence.

L. Mousset poussait aux extrèmes. Daniel Lebon aurait incliné vers la modération. C'est au moins la conviction de ses petites nièces. C'était également la sienne. Il avait des sévérités ; mais les prêtres qu'il poursuivait étaient hors la loi, et les aristocrates, de mauvais citoyens. Cela ne comptait pas. Aussi, lorsque le jour où il fut pris, la mère Piel, de la Butte, lui eut dit de ne point s'en aller, qu'elle avait vu rôder des bandes qui lui avaient paru dangereuses, le juge de paix se crut autorisé à répondre : « Et pourquoi ne m'en irais-je pas, je ne fais de mal à personne ». En s'en revenant, ayant rencontré Georges Bellenger, il tint pendant quelque temps conversation avec lui, et lui donna par mode de congé, une prise de tabac.

Peu après, la bande vue par la mère Piel était à la porte du magistrat. Elle se présentait avant la chute du jour, car elle savait que le juge de paix ne couchait presque jamais chez lui. Par mesure de prudence, il allait chercher un misérable réduit, sous les hangars, aux greniers à foin, dans les barges, comme s'il avait été un de ces simples prêtres qu'il avait la mission de faire appréhender.

Les hommes armés réitérèrent leurs appels et finirent par secouer vigoureusement la porte. La porte était solide, fortement barrée, et de l'intérieur personne ne répondait. Croyant avoir manqué son coup, la petite troupe s'en retournait bredouille. Par bêtise ou par antipathie. Georges Bellenger vint à sa rencontre et dit : « Vous n'emmenez rien ? Il est pourtant là ! Il n'y a pas cinq minutes qu'il m'a baillé *une prinse de son petun* ».

La bande se ravisa, prit la hache de Georges et reparut à la porte de Daniel Lebon.

Celui-ci entendit le bruit et comprit la gravité de la

situation. Il se blottit à la hâte dans son bûcher et se fit couvrir de bois et de copeaux par sa femme et ses enfants. Sa fille, Catherine, âgée de dix-huit ans, se présenta hardiment à la porte, parlementa un instant et se décida à ouvrir. Lebon fut promptement découvert et soigneusement ligotté. Peu après, il était entraîné vers la vallée. Sa fille le suivit en pleurant et en criant au secours, jusqu'au petit *Douet* des Bouillons. Les menaces des hommes armés la forcèrent de rentrer chez elle. Le cortège passa au milieu du village de Chennevières, sous les yeux des amis de Lebon, qui n'osèrent prendre sa défense. A la Martinique, ils firent halte auprès du moulin de Jacques Prieur, attachèrent leur prisonnier à un arbre et se firent servir à boire et à manger. Personne n'a jamais revu le pauvre juge de paix. On affirme vaguement qu'il fut fusillé dans les bois de Cerisy.

Etait-ce une représaille des véritables chouans? La date de sa mort peut nous donner une présomption. Sa fille, qui avait dix-huit ans, est morte le 9 août 1847, à Ronfeugeray, dans sa 72e année. D'autre part, Daniel Lebon fut réélu juge de paix le 17 Brumaire an IV. Il en faut donc conclure que la violence que nous venons de raconter eut lieu à la fin de 1795 ou aux débuts de l'année 1796. Or, il est certain que les colonnes du général de Frotté opéraient alors aux environs de Tinchebray et même dans nos contrées.

VII

Jacques Lebon Corbellière

Jacques Lebon de la Corbellière jouissait d'une certaine aisance. Il habitait au fond du village une grande et vieille maison avec chambres. Il avait sans doute été l'aisné de son quartier, pour le compte du seigneur (1). Marié depuis longtemps, il était entouré de cinq garçons. Jacques, son premier-né atteignait ses quinze ans et l'aidait déjà dans son travail. Un matin, après avoir mangé la soupe et réglé l'occupation de chacun, il partit vers les Clots; il allait chercher une herse dont il avait besoin. Jacques Lebon ne revint pas. Le champ où il se rendait était au delà du village. Comme il passait avec son fardeau, il rencontra, au tournant du chemin, là où l'on a bâti depuis la maison du buraliste Levée, une bande de soldats armés qui lui crièrent : « Qui vive ? » A cette époque de divisions et de partis, il fallait examiner avec attention le genre de monde à qui l'on avait affaire. Lebon embarrassé de sa herse, répondit sans réflexion et reçut un coup de fusil qui l'étendit mort sur la place. Après avoir attendu longtemps, ses parents se mirent à sa recherche. Ils surent qu'il s'était trompé dans sa réponse. La bande meurtrière se retirait sur le territoire de la Lande-Patry. En rentrant au quartier, chacun racontait ses prouesses : « Moi, dit l'un d'eux, je n'ai pas perdu mon temps, j'ai encore expédié un Chouan d'Athis. Ah ! reprit un camarade qui avait des parents de ce côté, as-tu vu ses papiers ? Oui, tiens, les voilà ! Celui-ci les lut et s'écria, bleu de colère : « Malheureux, tu as tué mon parrain ; tu y passeras à ton tour. » Et il l'étendit raide mort à ses pieds. Ce filleul de Jacques Lebon et ce que l'on raconte tout bas dans quelques familles, sur les meurtriers d'un jeune homme dont nous allons parler plus loin, nous font supposer que cette bande, dite patriote, n'était pas entièrement composée de gens inconnus. Celle qui vint assaillir Horion de la Masquerie était évidemment la même. Le curé jureur n'avait-il pas signalé ce paisible citoyen comme un fanatique et un enragé aristocrate. La maison fut sacca-

(1) L'aisné était celui qui percevait les rentes du Seigneur dans un village ou contrée que l'on appelait aisnesse.

gée, son fusil emporté. Il fut entraîné vers Flers. A chaque instant, on lui répétait avec menaces « qu'on allait lui faire son affaire. » Horion fut sauvé par l'intervention d'un ami qui se permit de dire aux soldats : « Ah ! mes garçons qu'allez-vous faire ? Vous allez tuer le père de neuf enfants. » Ceux-ci ne se choquèrent pas de l'observation et renvoyèrent Horion. L'infortuné ne survécut que peu de jours à cette échauffourée. Il avait eu le sang tourné, nous a-t-on dit. Deux de ces maraudeurs de village furent tués aux environs du Buat et laissés sur place. Par pitié, Mme Madeleine des Bourses donna un drap pour les ensevelir. Des gens humains leur creusèrent une fosse entre l'ancienne Croix de la Mission et la route de Flers. La veuve Victor Vente se souvient avoir joué souvent sur la tombe de ces infortunés, dont l'un avait nom Séguin, lui ont affirmé ses parents qui habitèrent la maison voisine.

VIII

Piel

A la Brutelée, vivaient tranquillement la veuve Piel et son fils unique. Une nuit d'hiver, trois ou quatre brigands auxquels l'ignorance populaire a donné le nom de Chouans, firent irruption dans sa maison. Ils se firent servir sans façon, les uns de la galette, les autres du pain, de la viande et des boissons. Après s'être rassasiés et munis de diverses provisions, ils dirent à la veuve : « Maintenant, nous emmènerons ton fils ; il est grand et solide ; il fera comme nous. » Le cœur de la pauvre mère fut brisé : « Oh ! ne faites pas cela, s'écriait-elle ; prenez tout le reste, je ne vous refuse rien, mais laissez-moi mon enfant. » Les misérables se montrèrent sans pitié, et le lendemain, des voisins vinrent dire à la veuve infortunée que l'on avait aperçu son malheureux enfant dans le coin d'un des champs du carrefour Champ Pian (1). Il était lardé de coups de couteau. L'avait-on maltraité ainsi, pour le forcer à marcher ou le faire taire? L'avait-on massacré pour le plaisir barbare de tuer un innocent ? Nous ne précisons rien. Le jeune homme en s'échappant de leurs mains, fut, disent quelques-uns, poursuivi par un de ses geôliers ; il y eut lutte acharnée et mort d'homme. Un couteau de six liards fut trouvé près de lui. Pierre Piel de la Boiterie, sergent de la garde nationale, et très fougueux partisan, résolut de tirer vengeance de la mort de son neveu. Louis Mousset prévenu par ses soins, fit battre la générale, et avec les plus valeureux, Piel s'en alla du côté de Flers. Si on s'en rapportait à ses dires, il aurait fait une campagne terrible, dévasté plusieurs maisons, jeté l'épouvante en trois communes et tué de sa main sept des plus mauvais de la bande. Mais Piel était si vantard ! Rappelé sous les armes en 1814, il termina ses campagnes à la bataille de Montereau.

Un autre événement, grâce à Dieu, moins tragique se produisit vers le même temps, au même carrefour.

Le Père Delozier, du Buat, avait été saisi par une bande de prétendus patriotes. Ceux-ci affectèrent une grande colère contre lui, et lui reprochèrent son incivisme en l'accusant d'avoir recueilli des prêtres et des aristocrates. Arrivés au Champ Pian, peut-être embarrassés de leur prisonnier, ils le relâchèrent en disant : « Nous te faisons grâce, car tu n'es pas un trop mauvais citoyen, mais veille sur toi. »

Après le bois Portier (entre la Trigale et les Clots), où les brigands arrêtèrent souvent d'inoffensifs voyageurs, le carrefour Champ Pian a été pendant la Révolution l'un des lieux le plus tristement célèbre de la contrée.

---

(1) Ce carrefour est à quatre kilomètres du bourg, sur la route de Flers.

Nous avons vu comment on y avait traité le jeune Piel, Horion et le père Delozier. Vers le même temps, nous a dit M. le Maire d'Athis, une bande vint assaillir un des villages voisins, la Tarilée. Elle cherchait les deux frères, Lebailly dont ils avaient juré la perte. Tous les membres de la triste société étaient armés et, comme au jardin des Oliviers, quelques-uns portaient des lanternes. Pour ce motif, les frères Lebailly les aperçurent et, bien inspirés, prirent lestement la fuite.

La course à travers champs fut effrénée et émouvante. Celui après lequel ils s'étaient acharnés de préférence était alerte. Plusieurs fois, par un détour habile, il sut regagner le terrain perdu et échapper aux mains de ses ennemis. Mais tous s'étant coalisés contre lui, il fallut succomber. Quand il eut été massacré, on se mit à la poursuite de son frère. On le chercha inutilement dans les fossés, les haies et les buissons. Il s'était caché dans une grosse touffée de buis, que M. le Maire a longtemps connue, auprès du carrefour et que depuis il a abattue lui-même. Plusieurs fois, les lanternes éclairèrent son visage, alors il se croyait perdu. Les hommes de la bande revenaient instinctivement à cet endroit en redisant à chaque fois : « Il doit être là, il est certainement là. » Lebailly ne bougea pas plus qu'un dieu Terme. Ce fut son salut.

IX

Chez Fauvel (1)

Dans la même année, Fauvel fut assailli dans sa maison par une troupe d'une trentaine de personnes

(1) Fauvel le chirurgien eut trois fils. L'avocat naquit en 1787 et mourut à la Croûte en 1821, à l'âge de 34 ans. Son frère, Rivière, vint au monde l'année suivante, et Chesnais, seulement en 1791. Une des fille a épousé Guillain de Ste-Honorine. L'avocat est mort célibataire. Rivière a été le père de François Fauvel-More, maire d'Athis et Conseiller d'Arrondissement. Les fils de M. Chesnais habitent Ronfeugeray, le Champ-Rond et le Haut-d'Ouilly. Eugène est mort à la Croûte.

(d'autres disent 300) plus ou moins armées. C'était par une noire soirée d'hiver. Une partie des enfants étaient couchés. Les assaillants se ruèrent sur Fauvel, lui rasèrent une partie de la tête et s'efforcèrent de l'effrayer par des menaces de mort. Fauvel leur répondit avec calme : « Vous allez faire un beau coup. Que deviendront mes enfants ? Que deviendront tous les malades de la contrée ? »

Un des moins mauvais de la bande, convaincu et parlant avec autorité, dit à ses camarades : « Il a raison, du reste il n'est pas encore trop méchant *bougre*; laissons-le. »

Toutefois, ils ne s'en allèrent pas les mains vides. N'étant venus probablement que pour dévaliser la maison, ils prirent l'argent (environ 300 francs) et les armes. Fauvel qui accrochait son fusil très haut, peut-être pour le mettre à l'abri de la curiosité de ses enfants, fut obligé de le descendre lui-même. On prit aussi des couverts d'argent et divers objets. Les couverts furent rapportés comme trop compromettants avec une paire de souliers qui n'étaient pas à la convenance du voleur. La montre d'or qui avait été enlevée n'est .jamais revenue. Après avoir embrassé l'un des enfants encore au berceau, les pillards se retirèrent sans bruit. Fauvel s'estima heureux d'en avoir été quitte à si bon compte.

X

A la Guillotière

La fine prudence Normande se trouvait assez souvent en défaut et des malins qui s'étaient crus à.l'abri de la persécution parce qu'ils avaient hurlé avec les loups eurent d'assez tristes avanies.

J. Hébert faisait valoir la ferme de la Guillotière. La Veuve de Jean Drude, une de Campignol, sa maîtresse,

avait fui le pays. Le fermier, avant tout, ne voulut point
paraître aristocrate. En plusieurs circonstances, il afficha
ouvertement son républicanisme, il en vint même à
s'affilier avec les patriotes de la Carneille et à prendre
leur carmagnole. Allant jusqu'au bout de l'effronterie, il
se rendit chez sa maîtresse avec ce significatif accoutre-
ment. La maîtresse se montra d'une grande froideur,
reçut l'argent des loyers, mais se garda bien de traiter
Hébert avec sa bienveillance accoutumée. On le pria, un
peu plus tard, de se pourvoir ailleurs.

Ces excès ne le mirent point à l'abri des mésaventures
si communes à cette époque. Une bande l'assaillit dans
sa maison la menace à la bouche. Hébert se crut à sa
dernière heure et se barricada.

Les fenêtres étaient solidement grillées, la porte très
épaisse et barrée fortement. Comme à la ferme des
Champs, les aventuriers allèrent chercher une grosse
voiture et la lancèrent si vigoureusement que la porte en
fut brisée.

Pendant que les assaillants s'occupaient de cette
opération et qu'ils surveillaient la façade principale,
Hébert s'évada par une petite fenêtre qui était à l'arrière.
Les assaillants ne l'avaient point ramarquée. Quelques
instants plus tard, il était blotti au milieu d'un champ de
blé au moment où la bande dévalisait ses meubles. Il avait
sauvé sa vie mais non son argent ni son pain. On m'a
affirmé que la Guillotière et les Champs avaient été visités
la même nuit par les deux moitiés de la même colonne.

XI .

Les des Brocardières

La Révolution avait ouvert largement les bras aux des
Brocardières. Nicolas, le père, fut chargé de percevoir les
deniers publics. Pierre, le fils aîné, fut l'un des Conseillers

influents de la commune, et Jean, son cadet, obtint le grade de Capitaine de la garde nationale.

Il leur fut facile, par là même, de profiter des bonnes occasions pour arrondir leurs propriétés et diminuer leurs charges. C'est ainsi que Pierre devint l'adjudicataire de la grange dîmeresse (1) et des terrains adjacents.

Mais en des temps si troublés, il est facile de se créer des envieux et des ennemis. Leur maison fut saccagée par une bande d'inconnus dont la vengeance semblait être le seul mobile. Des pièces de toiles ouvragées furent brûlées dans la cour. On essaya même d'en jeter des lambeaux sur les toits pour les embraser. Des Brocardières, caché au fond d'une barge de paille, assista, impuissant, à cette destruction.

Des achats inconsidérés, des constructions entreprises (2) sans argent, et quelques mauvaises opérations commerciales achevèrent de compromettre la fortune de cette vieille maison. Les biens d'Eglise ne portent généralement pas bonheur.

XII

La Patrouille désarmée

Pour lutter contre tous ces désordres, les autorités locales avaient organisé plus ou moins militairement leurs gardes nationales. Partout on avait des postes et des chefs de postes qui étaient chargés de la sécurité publique. En beaucoup d'endroits, et surtout dans les quartiers de la commune que l'on croyait les plus exposés, on faisait circuler des patrouilles.

L'idée était bonne, la discipline fut détestable. Tout le monde ne pouvait approuver les perquisitions injustes

(1) La grange dîmeresse fut plusieurs fois vendue et revendue.
(2) Maisons Albert Lemarchand et Paris.

que l'on multipliait à dessein chez d'honnêtes citoyens. Plusieurs des soldats cherchaient à protéger leurs parents et amis, beaucoup aimaient à se faire régaler.

Au moment où les Chouans, probablement les véritables, faisaient manœuvrer leur petite armée, la patrouille d'Athis crut de bonne guerre de forcer Lemoine de la Rennerie, qui n'était pas républicain, à lui servir à boire. Lemoine s'y prêta de bonne grâce, les armes furent déposées en un coin de la maison ; tous se rangèrent autour du foyer, et, les verres pleins passèrent de main en main.

La joie ne fut pas de longue durée. Les Chouans qui avaient reçu asile au grenier de Lemoine, descendirent à pas de loup et envahirent brusquement la maison sans qu'on eût su d'où ils avaient pu surgir.

Les armes furent confisquées, et la malheureuse patrouille, prise comme un renard dans une tannière, eut la honte de rentrer au corps de garde sans armes et sans aucune égratignure.

Les Chouans eurent la générosité de laisser les soldats indemnes. L'aventure leur paraissait assez plaisante.

XIII

Chauvin Taillis

Chauvin Taillis était l'ami de M. de Saint-Germain. Le seigneur et le vassal vivaient sur le pied d'une grande intimité. Quand l'un des petits enfants avait commis une faute on l'envoyait à M. Taillis avec une pancarte où l'on voyait écrit : boudeur, menteur, entêté, ou bien simplement avec une langue rouge sur le dos, etc. M. Taillis faisait la leçon à l'enfant avec la gravité que réclamait la circonstance.

Malgré ces rapports avec le château, Chauvin Taillis avait conservé la liberté de ses opinions. Tout en restant royaliste de cœur et chrétien de toute son âme, il attendait quelque bien de la Révolution qui commençait. Comme ceux de son époque, il comptait sur des réformes utiles, et il les désirait.

Aussi les électeurs d'Athis, qui avaient pleine confiance en sa loyauté et en la droiture de ses sentiments, le nommèrent leur délégué pour la fête de la Fédération du 14 juillet 1790. Il s'y rendit avec bonheur et en revint enthousiasmé. On a conservé longtemps dans la famille l'écharpe et la médaille qu'il porta en cette occasion, et aussi une lettre de quatre pages adressée à sa femme, contenant la description de la fête, où les cris de : Vive le Roi, et de Vive Lafayette, s'étaient fait écho, où tous les ordres, toutes les classes de la société s'étaient confondus dans un même amour et dans les mêmes espérances.

Mais la Fédération fut vite oubliée, les horreurs de la Convention, le régicide et les persécutions donnèrent bientôt à Chauvin des convictions différentes, et il redevint plus royaliste que jamais.

Malgré son calme et sa prudence, ses ennemis le soupçonnèrent de modérantisme et prirent la résolution de le molester. Un jour il s'en revenait de Domfront, et déjà il avait atteint les hauteurs où l'on a bâti depuis le bourg de Saint-Paul. Malheureusement il rencontra la colonne mobile de la Carneille. Reconnu par l'un des soldats, signalé de suite comme un aristocrate enragé, il fut saisi et attaché à un arbre en attendant l'heure d'être fusillé. La justice de l'époque se faisait de la sorte. Le premier venu se constituait accusateur, geôlier, juge et bourreau. Ce jour-là les soldats désiraient s'entendre avec leur capitaine. Pendant qu'ils le cherchaient, le chirurgien Fauvel vint à passer, ce fut le salut de Chauvin.

Fauvel était de la ville de Falaise. Diplômé le 14 octobre 1775, il s'était établi à Athis en Avril 1777. Sa taille excédait cinq pieds sept pouces. Son petit-fils, Auguste

Fauvel, rappelle exactement, paraît-il, la carrure de son buste. De bonne famille, il comptait parmi ses frères un prêtre auquel il donna momentanément l'hospitalité, un médecin qui est mort à Orbec et un juge dont les obsèques firent sensation dans la ville de Lisieux. La lecture de Jean-Jacques Rousseau et des encyclopédistes avait égaré son esprit, et, plus que Chauvin Taillis, il avait accepté la Révolution. Il l'aimait encore malgré la Terreur, et, à cause de cela, il faisait fonction de chirurgien à la colonne mobile de Bertrand l'Hodiesnière. Si républicain qu'il fût, il était demeuré honnête. Sa nature était brusque, son cœur excellent. Il malmenait ses malades de la voix et les soutenait de sa bourse après leur avoir indiqué les moyens de se guérir.

Aussi, en voyant Chauvin attaché à son arbre, il n'hésita pas un instant. Se tournant vers les soldats, il leur dit avec indignation : « Comment malheureux ! c'est là le citoyen que vous voulez fusiller ! Je le connais moi : c'est le meilleur des hommes ! Je vous défends d'y toucher. » Et s'avançant vers Chauvin, il l'embrassa comme un frère, dénoua ses liens et le congédia en lui souhaitant bonne chance. Et plus tard quand les deux voisins (1) parlaient ensemble de cet incident de leur vie, Fauvel aimait à redire à Chauvin : « Eh ! mon ami, il était temps ; sans moi tu y passais. » Pendant la Terreur, Fauvel fut momentanément jeté en prison. Le parti avancé, les membres de la Société populaire d'Athis, prirent sa défense et rédigèrent l'adresse violente et exagérée dont nous avons cité des passages. A les entendre, Fauvel aurait été un Robespierre, l'ennemi de toute religion, de M. Josset, et de tous les catholiques. Or, il est prouvé que si Fauvel ne fut pas assez dévot, il

____

(1) La Croûte fut achetée 10,000 francs en 1777, à M. de Saint-Vigor. Les Vaulogé, de Condé-sur-Noireau, étaient créanciers pour 4,000 francs hypothéqués. Fauvel trouva cette propriété commode pour ses enfants et pour son état. Saint-Vigor était un cadet de la famille de Saint-Germain.

eut toujours des égards pour les prêtres. M. Josset demeura son ami. Assez souvent ils faisaient la causette par une brèche pratiquée dans la haie du jardin que M. le Curé possédait derrière la maison Lamare. Sa brusquerie n'était qu'à la surface. Lorsque les jeunes enfants du voisinage allaient jouer avec les siens et qu'ils faisaient par trop de bruit, il se présentait au bas de l'escalier de la chambre, ses béquilles sous le bras et la menace à la bouche. Attends, petit malheureux, répétait-il ; je vais te couper une jambe, un bras, la langue, avec ce petit couteau, vois-tu. Attends ! attends ! Mais dès qu'il les voyait pleurer, il s'adoucissait immédiatement, les appelait, et, quand ils n'osaient descendre, il allait au-devant d'eux, les mettait sur ses genoux et les caressait. L'homme du réquisitoire républicain n'était pas celui-là (1).

XIV

Au Château du Buat

Le vieux château du Buat a été détruit vers l'année 1835. Ses ruines imposantes, sa tour délabrée, sa chapelle aux murailles noircies, ses vieux sommiers portant d'une manière inégale sur les refends sont restés dans l'esprit des anciens avec assez de précision pour qu'il nous soit permis de le décrire. Il était assis sur le bord du grand étang et entouré de douves. Une de ses avenues longeait la cour de la ferme, l'autre reliait les deux Buats, une troisième se dirigeait vers la Guimondière. Le style était du quinzième siècle, comme on en peut juger par les communs qui sont encore debout. On accédait au manoir par un pont-levis. Les châtelains le faisaient lever tous les soirs. L'aspect général était celui d'une petite forteresse.

(1) Fauvel François, chirurgien, mourut le 11 Novembre 1836, à l'âge de 80 ans. Il récitait beaucoup d'*Ave Maria* sur son lit de souffrance.

A côté du château, sur le bord de l'étang, les seigneurs avaient organisé, d'une manière très agréable, un bois d'une contenance de près d'un hectare.

Au moment de la Révolution, cette demeure n'était pas encore dans l'état de délabrement dont nous avons parlé ; mais n'étant plus habitée, plusieurs de ses parties étaient très mal entretenues.

Les Lesieur y cherchèrent un refuge vers les débuts de l'année 1800. Ils avaient, m'a-t-on affirmé, combattu en Vendée et sous les ordres du général de Frotté, avec les de Prépetit et plusieurs autres. De Frotté était mort et son armée licenciée. Les débris de ses volontaires se trouvèrent dans le plus grand embarras. Une femme Delozier du Buat leur procurait de la nourriture. Malgré les précautions prises, les malheureux furent aperçus et dénoncés. Nos gardes nationaux ne se soucièrent pas d'affronter seuls les périls d'un siége. Le maire, Jean Vardon, fit convoquer la colonne mobile de la Carneille (1). La garde nationale prit les armes et s'avança en silence vers le Buat. Se voyant au nombre de six cents, ils purent cerner le grand étang et le territoire qui avoisinait la Chapelle. Malgré tout, les Chouans espérèrent un instant pouvoir atteindre les heures de la nuit et s'enfuir à la faveur des ténèbres. Le capitaine Duru devina leur jeu et força un paysan, nommé Vivien, de s'abriter derrière une planche et d'aller allumer, près de la porte, les bourrées d'ajoncs et de genêts qu'on y avait jetées. Le feu fit son œuvre, et, au lieu de se laisser rôtir, les combattants se jetèrent dans l'étang. Les soldats, qui se tenaient sur leur garde, les accueillirent par une vive fusillade et les tuèrent. Ils étaient *deux* seulement, les frères Lesieur de Laumière. Un camarade, nommé Lemoine, avait été envoyé, le matin, aux provisions et n'était pas revenu.

(1) Son prédécesseur, Louis Blin, avait, dans une autre circonstance, réclamé le secours de celle de Condé-sur-Noireau.

Ce Lemoine de la Rennerie et ses frères avaient été souvent sollicités par les Lesieur, qui se retiraient assez ordinairement près d'eux, au village de la Baconnière. Leur père les avait détournés de ce parti. La manière adoptée par les Chouans pour défendre la bonne cause lui répugnait vivement et, à l'occasion, il savait répondre aux Lesieur que ses enfants rendaient plus de services en conduisant et en protégeant les prêtres et qu'il lui répugnait de les voir tenir la campagne avec des hommes souvent assez peu délicats.

La sœur des Lesieur, nommée Marie, avait quitté le pays depuis déjà quelques années, à cause des perquisitions que les bleus multipliaient chez elle. Elle arriva, nous ne savons ni comment ni pourquoi, à Saint-Hilaire-de-Briouze. C'est là que la grâce de Dieu vint la saisir pour en faire une des fondatrices de la Congrégation des Religieuses de Briouze. Pendant que ses cousines instruisaient la jeunesse de notre village du Poirier, elle se dépensa à la même œuvre d'abord à Saint-Hilaire, ensuite à la Forêt-Auvray et enfin à Briouze, où la communauté naissante se fixa définitivement. Elle y a tenu les classes publiques des petites filles pendant près de cinquante ans, faisant admirer son énergie, son esprit généreux et sa vie austère. On l'appela Marie d'Athis. M. l'abbé Gourdel a fait son éloge dans son travail sur les religieuses de Briouze.

Bien que la chouannerie fût loin d'être appréciée par l'ensemble de la population, bien que cette guerre civile, pleine de surprises, de combats et de requisitions eût irrité tous les républicains avancés et terrorisé la foule de ceux qui ne demandaient qu'à vivre tranquilles, les Lesieur avaient de fidèles et chauds partisans. Jamais ils ne leur refusèrent ni la nourriture ni le logement et souvent ils leur surent gré de plusieurs de leurs expéditions. Les républicains en étaient plus sages, répétaient-ils à l'occasion.

Après l'affaire du Buat, quelques-uns d'entre eux se

présentèrent sur les bords de l'étang au plus petit matin.
Ils avaient déjà été devancés par des malfaiteurs, sur le
dos desquels on a reconnu pendant des années les vestes
des deux malheureux frères. Leurs corps dépouillés
furent transportés au-delà du village et, contrairement à
l'assertion de la veuve Victor Vente, il est probable que
ce fut pour eux que Mme Madeleine, des Bourses, offrit
l'un de ses draps et que deux fosses furent creusées
auprès du Calvaire.

Plusieurs dans Athis étaient très las du régime révolutionnaire et surtout bien mécontents d'être obligés à toute
réquisition de gagner le poste des gardes nationaux et
de faire des tournées de jour et de nuit. Il n'en était pas
moins dangereux d'exprimer ses répugnances. Une
indiscrétion pouvait compromettre un honnête citoyen.
Dufay, le grand-père de Dufay-Bordeaux, faillit, pour
un fait de ce genre, être jeté en prison. En rentrant d'une
patrouille, il avait avoué son ennui en présence d'une
couturière de Flers qui travaillait chez lui. On commença
contre lui une enquête sévère ; mais Bonaparte devint
consul sur ces entrefaites.

Celui qui était seulement soupçonné de modérantisme
recevait comme châtiment des convocations plus fréquentes. C'est ce qui arriva quelquefois à la famille Huet,
de la Métairie, dont on força l'un ou l'autre des fils à
s'en aller jusqu'au bourg de la Carneille pour surveiller
les prisonniers qui étaient renfermés dans la sacristie de
la ci-devant église.

C'est ainsi que l'un d'eux eut l'honneur en 1796, de
passer la nuit en la compagnie de M. l'abbé Bunoust et
du petit Devardon de la Lande St-Siméon. (1)

Les futurs martyrs l'ayant jugé bon garçon, lui

(1) Le petit Thomas Devardon était le proche parent de ma regrettée
mère. Sous l'ancien régime, il avait été choisi par ses compatriotes comme
collecteur d'impôts. Il était resté très ardent royaliste et chrétien convaincu
ainsi que la plupart de ses voisins et parents.

donnèrent leur confiance et conversèrent avec lui. Afin de les distraire, Huet eut même l'attention de les faire jouer aux cartes. C'était peu de jours avant leur mort arrivée à la Croix Hesnard, où la colonne mobile de la Carneille les fusilla pour s'épargner la peine de les conduire à Domfront. Ce soir-là, l'abbé Bunoust remit sa montre à celui de ses frères qui était venu le visiter, au moyen d'un laisser-passer. Et en l'embrassant il lui dit : « Si l'on me juge à Alençon, je suis sauvé ; si c'est à Domfront, je suis perdu. » Il fut massacré sans jugement.

Lorsque la maladie, une infirmité quelconque, ou un âge déjà avancé ne permettaient pas d'ennuyer avec ce mode de réquisition ceux que l'on jugeait contre-révolutionnaires ou trop peu fervents républicains, on avait toujours contre eux la ressource des visites domiciliaires. C'est de cette manière que l'on maltraita Jacques Dufresne de la Martinée, ce légendaire soldat qui est mort dans son jardin, en 1843, à l'âge de cent six ans. Né en 1737, le brave homme était rentré dans ses foyers depuis une quinzaine d'années. Il en avait servi plus de seize sous les règnes de Louis XV et de Louis XVI.

Si à cent deux ans il faisait encore des bourrées comme un jeune homme, si dans les derniers mois de sa vie il pouvait encore lire sans lunettes, (1) il est facile de comprendre qu'il était très vigoureux à son âge de cinquante six ans.

Aussi comme beaucoup d'autres, et peut-être plus que

(1) M. l'abbé Lemaître, curé d'Athis à cette époque, étant venu visiter son paroissien se permit de lui dire : « Ah ! père Dufresne, vous devez être bien vieux ? »

— Monsieur le curé, je ne compte plus, répondit le vieillard ; mais si vous voulez savoir exactement mon âge, prenez mon congé que voici.

Avant d'accepter le congé, Monsieur le curé se mit à la recherche de ses lunettes, et Dufresne lui dit alors d'un ton de triomphe : « Ah ! comment, à votre âge il vous faut des lunettes. » Attendez ; et sans lunettes comme le fait encore sa petite-fille à 87 ans, il lut avec facilité la pièce qui marquait les étapes de sa vie militaire.

d'autres, il reçut la visite de diverses patrouilles. Voulait-on le punir d'avoir servi les rois? Le soupçonnait-on d'avoir recueilli des prêtres? Savait-on que Maître Houël était venu en son village? Peut-être. En tous cas Dufresne se tenait sur ses gardes, et dès qu'on lui signalait des hommes d'armes aux environs, il disparaissait prudemment. Sa fille encore toute jeunette avait la difficile et périlleuse mission de les recevoir ; mais bien stylée, elle ne répondit jamais un mot qui pût compromettre son père ni un voisin.

Une fois surtout elle eut une grande frayeur. Le dîner était préparé, et déjà plusieurs galettes de sarrazin s'étaient empilées les unes sur les autres. Ce fait éveilla naturellement les soupçons. Les questions n'en furent que plus pressantes : Où sont tes parents? Vont-ils bientôt revenir? Pourquoi ne sont-ils pas là ? Dis nous s'ils sont cachés ? Sont-ils partis depuis long-temps? Et pendant qu'ils obtenaient une série de « Je ne sais pas » qui ne variait pas d'une syllabe, ils faisaient à l'envi disparaître les galettes. Le pain qui était sur la planche y passa à son tour. On y ajouta du beurre et quelques bons verres de cidre.

Une fois reconfortés, les hommes armés s'ennuyèrent d'attendre. Au moment du départ, l'un d'eux aperçut sur l'un des meubles un grand couteau à manche de buis. Il s'en empara vivement, et, le montrant à l'enfant, il se mit à dire avec brutalité : « Tiens, c'est le couteau de ton père, c'est avec cela sans doute qu'il fait ses mauvais coups et qu'il tue de bons patriotes. Je l'emporte. Si nous le rencontrons, gare à lui, nous allons lui faire son affaire.»

La jeune fille tremblait comme la feuille, mais pas une parole ne sortit de sa bouche ; elle observa la consigne comme un troupier discipliné.

XV

Margerie

Parmi les traînards il s'en rencontrait qui ne circulaient pas ostensiblement le fusil sur l'épaule ou le couteau à la ceinture. Margerie, dont le nom est devenu proverbial, fut une de ces exceptions. Il était du pays de Flers. Son costume était étrange. Il entrait dans les maisons le chapelet à la main ou suspendu au cou. On le vit même parfois parcourir les bourgades revêtu d'une chape ou de quelques ornements d'église. Il se conduisait sans façon, se mettait à table, buvait et mangeait. « Il avait tant de mal à rétablir la religion. » Après avoir conté son boniment, après avoir dit qu'on allait imprimer un livre, une brochure ou faire prêcher des missionnaires, il tendait la main et, en recevant les offrandes, il répétait : « Merci, bonnes gens, c'est pour rétablir la religion. » Lorsque l'obole ne venait pas assez vite ou assez généreuse, Margerie se levait, rôdait autour de la salle, ouvrait les tiroirs et, en empochant quelques menues monnaies, il disait : « Oh ! mes braves gens, je vous prends encore cela, car *j'avons* tant de mal à rétablir la religion. »

Margerie n'était pas d'apparence méchante ; beaucoup riaient de ses manières, plusieurs en rient encore. Ceux qui connaissent mieux son histoire le tiennent en mépris, et ils ont raison, car Margerie était un brigand, un voleur armé qui, à l'occasion, ne reculait pas devant l'effusion du sang. On dirait que c'est à son sujet qu'a été composée la romance *Moine et Bandit*.

Ce rôle hypocrite ne pouvait toujours durer. Habitué à le voir roulant son chapelet et à l'entendre parler de religion, le public ne pensait nullement à lui attribuer les brigandages et les assassinats qui affligeaient la contrée. Dieu permit que le misérable fût démasqué.

Un matin, il s'était introduit doucement chez Lebon,

de la Villière, ou du Coudray, en Aubusson (1). La maison était isolée, une partie de la famille travaillait aux champs. Un vieillard assez faible gardait seul le logis. Margerie supposa l'occasion favorable et, parce que Lebon ne voulait point vider sa bourse pour rétablir la religion de Margerie, celui-ci se précipita sur lui le poignard à la main, essayant de l'attacher aux pieds de la table avec une corde dont il s'était muni. Aux cris poussés par la victime, la fille Lebon, qui était aux étables, accourut précipitamment. Elle n'avait ni fusil, ni couteau, ni bâton, mais des bras vigoureux et un cœur énergique. C'était une vaillante *luronne*. Résolument, elle se précipita sur l'assassin, le prit à bras-le-corps et réussit à le jeter au bas de sa montée. Les voisins qui avaient entendu les cris d'alarme le maîtrisèrent facilement. L'indignation était grande. Les mains et les pieds de Margerie furent fortement liés, puis il fut attaché à la queue d'un cheval et traîné jusqu'au Pont de Vère. C'est là qu'on l'acheva sans plus de façon et sans jugement. Les mœurs de l'époque avaient amené nos ancêtres à ces procédés sommaires.

Ce même Margerie fut soupçonné d'avoir assassiné Mathieu Brisset, sieur des Cottis. Mathieu Brisset était protestant, mais d'une nature calme et peu sectaire. (2) Les habitants d'Athis l'avaient désigné pour faire partie de leur première municipalité en 1787. Sa propriété était à la Basse-Rébrie. Il la cultivait lui-même. Trahi par l'un de ses domestiques, il fut saisi par trois brigands qui l'entraînèrent derrière la *foutelaie* de Nicolas Pringault. Une fois dans cette solitude ils le maltraitèrent avec une ignoble barbarie, lui ployèrent à revers les doigts des mains et des pieds, lui brisèrent les dents et les membres,

(1) D'autres mettent cette scène au Coudray, chez un Pringault. Un de ses neveux serait venu au secours et aurait tué l'un des brigands avec une charge de clous à cheval.

(2) Il fut cependant l'un des membres de la Société populaire.

lui infligèrent les outrages les plus humiliants et les plus honteux et, sans l'achever, ils l'ensevelirent à demi vivant sous une grosse haie qu'ils firent crouler sous lui.

Les bandits se disaient de l'armée royale, mais, a ajouté mon narrateur, ils n'appartenaient évidemment à aucune armée et à aucun parti. Leur but était le crime et le pillage. Ils prirent la montre de Mathieu Brisset, mais n'osèrent dévaliser sa maison.

CHAPITRE X

Années 1795 et 1796

Dans sa première séance, 24 Ventôse, an III, la nouvelle municipalité nomma Louis Blin maire (1) et Louis Mousset son secrétaire aux appointements de 800 l. Dans la seconde, guidée par la peur, elle ordonna de faire exhausser la clôture du cimetière, d'en créneler les murs ainsi que ceux de l'église, de faire deux tranchées de six pieds aux deux bouts à cause du danger d'insurrection de la part de l'ennemi.

Le 25 Germinal, Lebailly-Meslier fit la déclaration qu'il s'établissait à *Noireau* (2).

Le 5 Floréal, on fit une perquisition dans la commune. Toute la force armée fut convoquée et distribuée par villages. On voulait savoir ce qu'il y avait de blé, et découvrir des suspects.

Précédemment, on n'avait pu se procurer de bois pour chauffer la force armée d'Athis. Ce jour là, on se déclara autorisé à en couper sur les biens de la Chapellenie.

L'acte de pacification, signé par les chefs chouans auprès de Rennes, à la Mabilais, fut publié par la municipalité le treize Floréal, sur un ordre de Hoche, en date du 4 Floréal (1795).

Le 13 Floréal, le Conseil vota une amende de 5 l. contre ceux qui laisseraient entrer un *bestial* quelconque dans le cimetière qui était déclos ; deux livres à ceux qui

(1) Louis Blin Letailliš mourut à la Maroire en janvier 1807 à l'âge de 58 ans.

(2) Condé-sur-Noireau.

le prendraient et le conduiraient en fourrière chez Jean Guillain, aubergiste. Le 23 Floréal, an III, F. Bohard, l'ancien maire, eut le courage de demander l'autorisation d'occuper l'édifice national, dit ci-devant église d'Athis, pour servir au culte catholique. Il y fut autorisé provisoirement, avec ordre de se conformer, pour la police, à la loi du 3 Ventôse précédent, sur l'exercice des Cultes (1), et sans que la République puisse être assujettie à aucune réparation ; « et sera en présence de l'agent national dressé procès-verbal de l'état actuel, sauf à être pourvu par la suite à location ou adjudication. »

Le 5 Prairial, la municipalité, voulant un sacristain clairvoyant, nomma Louis Restout, ancien custos, pour faire les fosses et répondre la messe au prêtre qui la dira, après qu'il en aura fait la déclaration, et il fut défendu à tout individu de faire service de *sacris*.

Le 7 Prairial, Pierre Hubert partit pour Domfront, car il avait été désarmé et dépouillé de ses habits par les Chouans. Domfront ne lui rendit pas ses habits.

Le 2 Prairial, le citoyen Marchand-Lafosse fit une pétition aux députés de l'Orne pour être autorisé à rester chez lui, à faire valoir son bien d'une étendue de deux charrues. Il affirma occuper trente ouvriers (2) ; la municipalité appuya sa demande. Une requête semblable fut présentée par P. Vardon de la Lysandrée.

Nicolas des Brocardières, le père du conseiller et du capitaine (3), était alors le percepteur de la commune ; sa caisse fut vérifiée par le maire. Le 26 Messidor, an III, il y eut une délibération où l'on s'occupa de l'*amortisse-*

---

(1) La loi du 3 Ventôse, an III (21 Fév. 1795), déclara, sur la proposition de Boissy d'Anglas, la séparation de l'Eglise et de l'Etat et la liberté des cultes, mais sans signes extérieurs, sans cloches, sans soutane, sans salaire ni dotation, avec les pénalités contre les émigrés maintenues. Aussi les Vicaires généraux continuèrent de recommander à leurs prêtres les plus grandes précautions.

(2) Il faisait confectionner toile, serviettes et doubliers.

(3) Mort en 1807, à l'âge de 78 ans.

ment de la grange dîmeresse et du raccommodage de l'horloge. Il y eut élection des chefs de la garde nationale le Décadi, 20 Messidor, an III. Le travail fut laborieux, si l'on en juge par sept ou huit longues délibérations que nous avons vues sur les registres.

Le 6 Fructidor, on fit rentrer les assignats à l'empreinte royale. Le 10 Thermidor, les habitants du bourg, se trouvant exposés au plus grand malheur à cause du feu que les soldats du poste faisaient dans l'ancienne grange dîmeresse couverte en paille, sans cheminée et sans doublement, adressèrent au maire et au Conseil une première pétition. La seconde fut remise au citoyen Casimir Guillain, agent national, parce que le feu prenait dans la cheminée du nouveau corps de garde. Le résultat fut que « l'on ferait ramoner cette cheminée. »

Le 28 Fructidor, le maire d'Athis se transporta chez Coupigny, de St-Pierre-du-Regard, meunier aux Vaux, près de la gare actuelle de Condé. Il avait été dévalisé par quatre brigands, dont l'un, marqué de la petite vérole, était habillé d'une carmagnole rayée, avec de petits rubans blancs à son chapeau. Ils volèrent argent, souliers, linge. Pour eux tout fut de bonne prise. Ils attachèrent leurs victimes au col et firent tourner le moulin pour les étrangler. Il y avait chez Coupigny, le père, la mère, deux fils, une fille et une couturière qui ne surent ou ne voulurent pas se défendre contre quatre brigands.

Le 20 Fructidor, an III, on convoqua une grande assemblée des électeurs des onze communes (1) du canton pour approuver la Constitution votée par la Convention.

---

(1) *Athis*, maire, L. Blin ; *Berjou*, maire, P. Lenglois ; *Cahan*, maire, M. Dujardin ; *Sainte Honorine*, maire, Leveneur ; *Mille Savattes*, maire, L. Pierre ; *Rouvrou*, maire, J. Gallet ; *Bréel*, maire, Bellenger ; *Mesnil-Hubert*, maire, Delozier ; *Taillebois*, maire, J. Longuet ; *La Lande-Saint-Siméon*, maire, N. Lemarchand ; *Ségrie*, maire, Lesage Laboulaie.

La réunion eut lieu dans la ci-devant église. La Constitution fut approuvée à l'unanimité. Jean-Jacques Leconte, le jureur, joua un rôle dans cette assemblée, et au second tour, lorsque beaucoup d'électeurs étaient partis à cause de la nuit, comme Penin et Racine, de la Lande, Leveneur, de Ste-Honorine et autres, il se fit nommer électeur. Louis Mousset, aussi bien que Levain, dit la Rivière, restaient toujours en pied.

Pour les assemblées dites primaires, on nomma un président, un secrétaire et des assesseurs. La convocation était faite au son de la cloche. Parmi les assesseurs, dont le nombre était de quatre par commune, je signale Rihouey d'*Honorine*, et Pénin de la *Lande-Siméon* (1).

Après trois tours de scrutin, Guillaume de la Rüe, de Taillebois, fut choisi comme président de l'administration municipale.

Le 24 Brumaire an IV, de secrétaire-greffier, Louis Mousset fut nommé agent national, et Louis Madelaine devint son adjoint au troisième tour de scrutin.

Le 17 Brumaire an IV, le conseil fit estimer les biens de la veuve Hazé, de la Bunelière, qui avaient été incendiés.

Le 26 Vendemiaire an IV, Sébire Pierre fut élevé au poste de garde-champêtre, avec 66 l. d'honoraires. Et, peut-être, grâce à son activité, deux citoyens d'Athis, qui avaient volé neuf pains chez Hébert, fermier à la Guillotière, furent cités à la barre de la municipalité, promirent de ne plus recommencer et surtout de ne *plus dire d'injures au citoyen Louis Mousset*. A cette condition, ils furent relâchés de la maison d'arrêt. Le 7 Floréal parurent à la mairie deux femmes Poulain. Les malheureuses ne s'étaient pas contentées de se prendre de langue, elles en étaient venues aux coups. Mousset

____

(1) Les noms de saints étaient alors bannis de la langue française.

condamna à 50 l. CELLE QUI RECOMMENCERAIT ! C'était intelligent.

Le 1er Floréal an V, eut lieu, après inventaire, le dépôt de toutes les pièces appartenant à la mairie comme registres divers, armes, *coffre à trois clefs*, de l'ancien trésor... Louis Mousset signa, comme agent municipal, pour l'an IV, et Vardon, agent de l'an V, auquel les pièces furent remises, signa agent, L. Madelaine étant son adjoint.

Jean Vardon (1) commença son administration le 1er Messidor an V, par un acte de justice : il signa une pétition en faveur de sœur Marie Huet, de la Bunelière, qui réclamait des subsides. Le 30 Ventôse, an VI, il inscrivit la déclaration d'Anne Jacquelin qui confessa être enceinte de sept mois, et le 2 Ventôse, an VII, une même inscription pour la fille de Jean Leboucher. Nous n'avons plus de documents officiels pour le reste de la révolution.

---

(1) Jean Vardon était originaire du Val d'Athis : il était célibataire et habitait non loin des autres Vardon. Son esprit de justice et son bon cœur préservèrent la commune de nombreuses vexations. Sous le Directoire, l'administrateur de la commune ne porta plus le nom de maire, mais bien celui d'agent.

CHAPITRE XI

Les Prêtres fidèles à leur Foi

Ce chapitre est consacré aux prêtres fidèles qui séjournèrent à Athis pendant la Révolution. Avant de l'écrire, nous avons consulté les archives et recueilli les pieuses traditions de la paroisse. Il est plein de faits édifiants et d'actes héroïques. Les prêtres et aussi les personnes qui leur assurèrent des retraites méritent notre admiration.

Après avoir indiqué d'une manière brève ce que nous avons glané sur les réfractaires qui n'ont guère fait que passer, nous exposerons plus au long ce qui a trait à nos anciens vicaires, aux abbés Durand, Bellenger, enfant de la paroisse, et nous consacrerons le chapitre suivant à M. Prieur, le plus célèbre de tous.

Un abbé Huet, curé de Flers, fit quelques excursions dans une partie de nos villages. La génération actuelle n'a pas retenu son nom, mais le chartrier de la fabrique a possédé longtemps la longue série des actes de baptêmes qu'il y conféra.

Un prêtre de la Mayenne, nommé Fouquet, baptisa, au village aux Collins, Françoise et Marguerite Cornu. Un diacre, qui s'était réfugié aux Folletières, rendit le même service à plusieurs enfants, et entr'autres à la mère de Madeleine Collin, de la Basse-Bordée. Son zèle ut dénoncé aux persécuteurs. On lança contre lui des patrouilles et l'on multiplia les enquêtes. Ses parents et ses voisins furent tourmentés à son sujet ; mais le pauvre abbé, qui n'était pas endurci à la misère, vint à succomber. Sa mort fut déclarée aux administrations et la tranquillité fut rendue aux habitants des Folletières.

Les catholiques d'Athis n'eurent pas toujours des prêtres à leur disposition ; ils n'en voulurent pas moins procurer à leurs enfants le bienfait du baptême. Imitant ceux de Proussy et de St-Pierre-du-Regard qui à une époque difficile les apportèrent aux Avenages, en Athis, ils se rendirent dans les localités voisines ; là où ils savaient qu'un prêtre fidèle était caché. C'est ainsi que M. Tablet, le vénérable curé de la Lande-Patry, mort martyr en 1796, en inscrivit plusieurs sur ses registres (1).

Guillaume le Herqué

A l'un des villages extrêmes d'Athis, au Vieil-Etre, habitait, en 1792, Louis Durocher (2). Marie le Herqué, sa femme, était du pays de Vassy. Quand la persécution eut frappé ses premiers coups, leur oncle, l'abbé Guillaume le Herqué, curé de Clairefougères, vint fréquemment chercher un asile au fond de cette solitude. Ce prêtre vaillant a été l'apôtre de toute une contrée. Les archives de l'évêché de Bayeux nous apprennent qu'il naquit à Vassy, en 1728. Après avoir été longtemps vicaire dans sa paroisse natale, il fut nommé curé de Clairefougères, le 14 février 1771. Il y exerça un fructueux ministère. Les ancêtres en ont transmis le souvenir aux générations

---

(1) J'en ai retrouvé deux, Jean et Jacques Collin, du village aux Collins, dont les parrain et marraine furent les membres de la famille Costard. Beaucoup des enfants présentés à M. Tablet étaient de Cerisy, de St-Georges, de Fresnes, de la Bazoque, de St-Pierre-d'Entremont, de Flers, de Chanu, de Montsecret, de St-Germain-du-Crioult, de Montilly, de Caligny, et, en 1795, de Condé-sur-Noireau, de Saint-Pierre-du-Regard, de Méré, de Saint-Georges-le-Secq.

(2) Louis Durocher jouissait d'une certaine considération. Les électeurs d'Athis le choisirent pour conseiller municipal pendant de nombreuses années, à la fin de la République et aux débuts de l'Empire. Il est mort au Vieil-Etre, en 1826, à l'âge de 78 ans. Sa fille a épousé un Ménard du même village.

actuelles. Aux jours de la Révolution, il fallait apostasier, ou émigrer ou se cacher. Malgré ses 64 ans, le digne prêtre résolut de ne point abandonner son troupeau. Son zèle s'étendit bientôt. Les archives de l'évêché de Bayeux nous disent qu'il exerça le ministère à Evrecy et surtout à Condé, à Vassy et à Vire. Nos renseignements particuliers nous le montrent rayonnant dans plusieurs cantons. Son ardeur était extrême, son cœur courageux, son esprit plein de ressources. Un homme de son âge était pourtant facile à reconnaître, et une infirmité (deux doigts de la main gauche tombés) pouvait le signaler à l'attention des pourchasseurs de prêtres. Il n'en continua pas moins de se dévouer à la cause des âmes, échappa à toutes les recherches et évita tous les pièges.

On lui fit savoir un jour qu'une dame de Condé-sur-Noireau agonisait. Son mari, gardien de la prison, et son entourage étaient d'ardents révolutionnaires. La ville ne possédait pas alors un seul prêtre insermenté. L'abbé le Herqué n'hésite pas. Il revêt un costume de meunier, se passe un gros fouet au cou et part avec résolution. Quelques heures plus tard, il était à la porte de la malade. Des amis lui avaient fait connaître les habitudes de la maison. Le mari était absent. Le domestique interrogé lui apprend la gravité de la maladie. « Ah ! mon ami, dit alors le prêtre déguisé, j'ai une affaire très importante à régler avec Madame ; il faut absolument que je la voie quelques instants. C'est pressant ! Il y va de ses intérêts et des miens ! »

Le serviteur, convaincu par la bonhomie et le ton de sincérité du faux meunier, l'introduisit charitablement. Peu après, la dame était confessée et avait reçu les derniers sacrements. En sortant, l'abbé serra la main du domestique avec effusion et lui dit : « Merci, merci, mon ami, tout est arrangé, nous nous sommes parfaitement entendus. J'aurais perdu beaucoup si je n'étais pas arrivé à temps. »

Un jour, il était poursuivi de près par une bande de maraudeurs. La côte avait été montée vivement. La saison était chaude. Arrivé au-delà du petit sanctuaire de Sainte-Radegonde, entre Clairefougères et Moncy, il n'en pouvait plus. Heureusement il aperçoit un botteleur : « Sauvez-moi, lui dit-il essoufflé, sauvez-moi, je suis le curé de Clairefougères, on me poursuit depuis longtemps déjà, je ne puis aller plus loin... Vous, partez, laissez-moi votre place. Ils ne vous rattraperont pas : vous êtes jeune et ils sont fatigués. » Bien vite, ils font l'échange de leurs chapeaux, et l'abbé Herqué, qui s'était *dépouillé*, se mit à tourner tranquillement son foin. Peu après, ses ennemis arrivaient : « N'as-tu pas vu passer quelqu'un? lui crient-ils. — Mais oui, il est monté par là, il va bien. Tenez, le voilà là-bas : je ne crois pas que vous le rattrapiez. » La bande continua de courir, et, quand elle fut assez loin, l'abbé disparut.

Une autre fois, il aperçut ses ennemis à quelques pas de lui. La fuite était impossible. Bien vite, il simule l'ivrogne, va de travers, trébuche et se laisse choir dans un fossé sale et boueux. Les hommes arrivèrent. L'un d'eux voulut se rendre compte : il faisait déjà sombre, et, pour distinguer les traits de la figure, il fallait retourner cette masse inerte, gluante et mal odorante. Une première tentative faite sans succès l'eut vite découragé, et, lâchant sa proie, il se détourna avec dégoût en disant : « Mâtin ! que tu p....., t'as trop bu, mon bonhomme ! » L'abbé était sauvé une fois de plus.

Quand il était trop poursuivi dans sa région, il venait se reposer à Athis où il fut facile de le cacher, car il n'était pas connu dans la contrée. Il circulait souvent avec une vieille poche sur les épaules, et faisait assez de travail pour se faire regarder comme un serviteur de la maison. En d'autres moments, il allait se promener dans les petits bois qui longent la vallée de la Vère. De là, il observait les environs. Ce fut son salut. Ayant aperçu, un jour, une bande suspecte, il accourut à la maison, et, pour s'éviter des avanies probables, l'oncle et le neveu s'éloignèrent à la hâte dans la direction des bois. La bande vint, mais comme les grosses précautions avaient été prises et que les femmes de tête étaient alors communes, Durocher en fut quitte pour quelques libations.

Après la Révolution, l'abbé Le Herqué rentra dans son presbytère de Clairefougères. Il y est mort le 28 Septembre 1810, dans la 82me année de son âge. Son tombeau est au chevet de la modeste église où il offrit les Saints Mystères pendant de nombreuses années. Sa mémoire reste vénérée. La courte épitaphe qui est gravée sur la pierre en donne le motif : « Il ne craignit rien, aux jours de la persécution, quand il s'agit de remplir un devoir de son ministère. *Nihil veritus est dummodo consummaret ministerium, persecutione.* »

Gilles Lechevrel

Gilles Lechevrel, vicaire d'Athis, appartenait à une famille nombreuse, où les sentiments chrétiens ont toujours été en honneur. Son père, Thomas Lechevrel, avait le surnom de la Chesnaye (1). Sa mère s'appelait Jeanne-Jacqueline Rabache. Les prêtres issus de cette lignée ont été distingués par leur science, leur piété et leur zèle sacerdotal. Au moment de la Révolution, quatre d'entre eux, portant le même nom, ont vaillamment souffert la persécution. Jean-Baptiste, le plus jeune, est monté à l'échafaud en chantant le *Gloria in excelsis*, au grand étonnement de la populace alençonnaise, venue avec l'espoir de se réjouir au spectacle de la mort d'un prêtre. C'était le jour de Noël 1793.

Gilles était né au Hamel Dauphy, dans cette partie

---

(1) Cette Chesnaye était proche du village du Hamel-Dauphy, lieu d'origine des Lechevrel. Le révolutionnaire Dumesnil habitait près de là au village de la Couplière.

de la Lande-Patry, qui est au-delà de Flers et peu loin du bourg actuel de Saint-Paul. Comme ses compatriotes, il fit ses études au collège de Vire, après avoir pris pendant quelques années les premières leçons de latin au presbytère de sa paroisse. Il reçut la tonsure des mains de Monseigneur Albert de Luynes, le 21 Septembre 1744, le sous-diaconat en Septembre 1747 et le diaconat en 1748. Il fut ordonné prêtre le 2 Septembre 1749.

Peu de jours après, son Evêque l'envoyait dans la grande et religieuse paroisse d'Athis, probablement sur la demande de Maître Thomas Houvet de la Huberdière, qui en était alors le curé.

Il était d'une constitution très robuste, d'une grande taille, d'une vigueur peu commune. Le souvenir de sa force physique est resté légendaire. Plusieurs en parlent encore après cent ans, mais tous ajoutent immédiatement : « Il était très bon, très charitable et si pieux, que tout le monde l'aimait et l'estimait infiniment ». Aussi son passage à Athis fut-il fructueux.

Il le prolongea pendant près de 42 ans, depuis la fin de 1749, jusqu'en Juillet 1791. Son premier curé fut presque un compatriote, un parent peut-être, car Thomas Houvet était de la paroisse de Chanu. Il travailla ensuite sous les ordres de Constantin de la Boderie, de Julien-Denis Grand Pré et de Claude Josset. Depuis deux siècles, aucun prêtre n'a exercé le ministère à Athis pendant un plus long temps. Il le fit toujours à la satisfaction de tous.

Aussi, lorsqu'il eut été contraint de quitter son poste, pour refus de serment, les membres de la municipalité lui délivrèrent un certificat attestant « qu'il avait rempli les fonctions de vicaire pendant plus de quarante ans à Athis, et qu'il s'était comporté en honnête homme ». Cette pièce se voit à la mairie de notre commune et dans les archives d'Alençon. Elle était l'expression du sentiment public.

Voilà pourquoi sa famille tient sa mémoire en grande

vénération ; voilà pourquoi elle a conservé quelques-uns de ses écrits et le contrat de mariage de Michel Lechevrel avec Marie Dupont (1), au bas duquel l'abbé Gilles avait apposé son nom.

Retiré au fond du village où il était né, il y vécut assez paisiblement, et plus ou moins caché, grâce, nous dit M. Burel, curé de la Lande, à la connivence du procureur de la commune qui était presque son voisin. Obtint-il quelques ressources du Directoire du département auquel il réclama, en 1792, la somme de 373 francs qui lui était due en vertu des lois de l'Assemblée nationale ? Nous l'ignorons. Les années suivantes, il ne renouvela pas sa demande, assez heureux d'être oublié.

Malgré ses soixante-huit ans et les fatigues de ses anciens travaux à Athis, il ne se crut pas autorisé en conscience à prendre du repos et très souvent il s'imposa de fortes courses et s'exposa à de grands dangers pour administrer les Sacrements.

Quand l'Eglise eut recouvré des jours meilleurs, il n'était plus d'âge à reprendre ses fonctions. Il continua de résider au sein de sa famille.

Comme il avait conservé des relations cordiales avec le vénérable M. de Saint-Germain, il sentit le besoin de le revoir quelquefois et assista probablement à ses obsèques le 29 avril 1803. Plus tard M. de Robillard reçut avec joie l'ami de son beau-père. La dernière visite eut lieu vers la fin du mois de mai 1804. Après le déjeuner, toute la famille se dirigea vers l'étang de Queue-d'Aronde. On savait que l'abbé Lechevrel aimait passionnément la pêche. Pour lui en procurer le plaisir, chacun partit avec sa ligne. Les enfants suivirent leurs parents. Mais les enfants sont remuants et irréfléchis : l'un d'eux, trop

(1) Marie Dupont était la nièce du curé de Cerisy, qui la dota de 5oo livres.

hardi, glissa sur la berge et roula dans l'eau à côté du vieux prêtre. L'abbé, oubliant ses 79 ans, se précipita pour le retirer. L'enfant fut sauvé, mais M. Lechevrel fut pris de mal à son retour à la Lande et mourut le 18 mai 1804.

M. Houel, vicaire d'Athis

M. Houel, fils de Jean et de Marie Bonnesœur, que M. Blin a placé sur la liste des émigrés, a certainement séjourné dans la paroisse au début de la Révolution.

Pierre Collet, des Boots m'a affirmé que ses parents lui avaient donné asile pendant près de deux mois. Il fut logé au second étage du vieux castel des d'Olliamson, dans un coin que mon narrateur estime absolument misérable.

Avant ou après son séjour aux Boots, M. Houel reçut à la Tarilée, dans le logis de M. Ernest Vardon, maire d'Athis, une aussi longue et non moins généreuse hospitalité.

Madame avait tout d'abord caché M. Houel sans en parler à son mari, ne sachant pas combien durerait ce séjour. Elle avait attendu, pour le lui dire, une circonstance favorable. Elle se produisit bientôt, Monsieur ayant remarqué qu'un plat de soupe restait souvent sur la table, en demanda la raison : « Je vais te le dire tout à l'heure, répondit Madame », mais elle attendit la sortie des serviteurs. M. Houel continua son séjour à la Tarilée quelques jours encore.

Les huit ans de son vicariat à Athis (1783 à 1791) pouvaient lui permettre de réclamer ce genre de services de la loyauté d'un protestant. A cette époque en effet, nos frères séparés étaient obligés de se servir du ministère des prêtres catholiques, par suite de la révocation de l'Edit de Nantes. Leurs enfants étaient baptisés à l'église paroissiale par les vicaires qui inscrivaient sur l'acte de baptême : « Ce jour, nous avons baptisé un enfant de la R. P. R. » (religion prétendue réformée.)

C'est pendant cette période que M. Houel fit le catéchisme à la Guimondière, dans une des salles de la maison Brisset, sise à l'une des extrémités de la rangée où M. Boudonnet a établi sa boulangerie.

Un de ses protecteurs fut ce Jacques Dufresne dont nous avons parlé précédemment. Sa fille aînée avait déjà reçu les premières leçons de catéchisme en l'église paroissiale, avant la Révolution. Il voulut qu'elle continuât son instruction religieuse, en prenant des leçons de M. l'abbé Houël. Il fallut de grandes précautions, nous a dit la fille de cette dernière (1). Peu de temps après, quand il la jugea convenablement préparée, M. l'abbé l'admit à la première communion. La cérémonie eut lieu à la Guimondière.

L'appui du vieux grognard avait sa valeur. Un homme de cette trempe était un porte respect. Il était plus osé et plus vigoureux qu'aucun, sans se départir des règles de la prudence comme nous l'avons vu plus haut. Sa stratégie était de ne se faire ni prendre ni tuer. Son bonheur était d'être utile.

Il creusa, dans la maison habitée par les enfants Meslay de la Martinée, un vaste souterrain qui s'étendait sous le bûcher et sous le lit. Aux jours d'alerte extrême où il aurait été impossible à M. Houël de s'échapper par l'une des portes, on le faisait descendre dans ce trou, et on le recouvrait négligemment de quelques petits fagots.

L'abbé Houël méritait les sympathies dévouées des habitants d'Athis. Né à Fresne, le 4 Mai 1749, il se maria tout d'abord et eut, suivant l'expression de Pierre Collet, deux magnifiques garçons. Il entra dans la cléri-

---

(1) La belle-mère de Philippe de Treillebois.

cature après avoir perdu sa femme, et devint vicaire d'Athis, jusqu'à la Révolution.

Le 31 juillet 1791, il se retira tout d'abord à Landisacq. De concert avec son confrère Gilles Lechevrel, il réclama un certificat de la municipalité d'Athis, afin d'obtenir la rente promise par l'Assemblée nationale (Arch. dép.)

Peu après il partit pour l'exil, et choisit pour lieu de retraite l'île de Jersey où séjournaient son évêque et son curé. Mgr de Cheylus, l'ayant sous ses yeux, lui confia une mission en 1797. Le 26 février 1799, il était rentré à Jersey, puisque son nom figure sur la liste des prêtres qui assistèrent aux dernières prières faites pour Jean Chantreuil du diocèse de Chartres, curé de Trappes (Arch. Ev. Bay.) Il avait été tonsuré le 17 septembre 1779 ; sous-diacre le 23 septembre 1780 ; diacre le 22 septembre 1781 et ordonné à Coutances, en vertu de lettres démissoriales de Mgr de Cheylus, le samedi 21 septembre 1782.

Après la Révolution, il reparut à Athis en septembre 1802, y remplissant les fonctions de vicaire sous la direction de M. Josset, revenu de l'exil. Un peu plus tard, il fut nommé curé de Ronfeugeray, par suite du refus de M. Brisset, originaire de Magny-le-Désert. Enfin le 7 mars 1818, on le transféra à Aubusson, où il mourut le 12 juin 1824.

Louis Bellenger

Louis Bellenger, né en 1759, à la Cerfetière d'Athis, de Jean et de Catherine Goret, était un ami et un protégé de M. l'abbé Lechevrel qui, après l'avoir baptisé et préparé à sa première communion, avait dirigé ses premiers pas vers le sacerdoce. En février 1800, on remarqua la signature de Gilles Lechevrel à côté de celle de Louis Bellenger, curé de la Lande-Patry.

Bien qu'il fût un compatriote, bien qu'il fût aimable et très vertueux, la plupart des fidèles qui s'étaient imposé le devoir pénible de porter secours aux proscrits, n'aimaient guère à le recevoir. Il était jeune, grand, très robuste et très souple, mais on l'estimait vantard, et par là même compromettant. (1) Lorsqu'on l'avertissait d'un danger possible en lui demandant de prendre quelques précautions, il s'animait et criait très fort : « Qu'ils viennent donc les misérables ! Qu'ils se présentent, les lâches ! » Et gesticulant avec sa canne à épée, il ajoutait : « Je vais en assommer un, puis percer l'autre ! Je vais faire comme ceci, comme cela, sauter par ici, par là ! » On le jugeait un peu trop *Bellenger*. Au moment du danger réel, il ne se montra pas si déclamateur, eut toujours un courage extraordinaire et un sang-froid imperturbable.

En l'année 1794, raconte M. Burel, d'après M. Surville, Louis Bellenger, poursuivi par les Bleus, arrive tout hors d'haleine à la porte de Jean Jenvrin, de la Chapelle-Biche. Il était à bout de forces. Trouvant là un homme occupé à broyer du chanvre, il lui crie : « Sauvez-moi, ou je suis perdu. » L'homme a vite compris la situation ; en un instant, il revêt le fugitif de son tablier de cuir et de son bonnet de laine. Prompt comme l'éclair, l'abbé saisit une poignée de chanvre et se met à travailler vigoureusement. Il n'était que temps : les Bleus demandent avec menaces qu'on leur livre le réfractaire qui se cache dans la maison. La perquisition se fait de la cave au grenier ; on fouille tous les recoins, mais, grâce au calme du refugié et de ses hôtes, les recherches sont vaines.

« Sauvez-vous, car le diable est au pays », avait crié la Sœur de l'Hodiesnière dans le village où M. Bellenger était caché. Bien vite, le proscrit s'échappe par le chemin du Tremblay, grimpe sur un chêne touffu et s'y attache

(1) A la Chapelle-Biche, on l'appela le grand filassier.

avec une corde pour ne pas glisser au moment du sommeil. Peu après, la colonne mobile passe sous ses pieds et l'abbé peut entendre les projets de ceux qui demandaient sa tête (M. Burel).

M. Bellenger, qui était estimé de ses supérieurs, fut nommé curé de la Lande-Patry, après la mort de M. Tablet, arrivée en 1796. (1) Le malheur des temps, et surtout la haine des impies, empêchèrent son installation. Ses biens de la Cerfetière, en Athis, furent mis sous séquestre dès l'année 1793. Le curé-jureur et les membres de la Société populaire avaient exigé cette rigueur. Le procureur de la commune de la Lande-Patry et les révolutionnaires ne lui pardonnèrent pas d'avoir si souvent mis leur vigilance en défaut. Lorsqu'ils surent qu'après la mort de M. Tablet, il était nommé Curé de la Lande, leur rage redoubla. Non contents de le poursuivre avec une persévérance haineuse, ils obtinrent, en 1798, un décret par lequel les membres du Directoire réclamaient contre lui toutes les sévérités légales.

Le bon abbé fut donc contraint de manœuvrer avec prudence. Que fit-il en 1796, en 1797 et en 1798 ? Nous ne pouvons le savoir. Les registres de la paroisse de la Lande, si bien tenus par M. Tablet, ces registres qui contiennent de nombreux actes de baptêmes pour dix paroisses environnantes, et même pour Condé-sur-Noireau et St-Pierre-du-Regard pendant l'année 1795, sont muets jusqu'en Janvier 1799. A partir de cette date, M. Bellenger les rédigea avec régularité jusqu'en 1802, signant franchement : *Curé de la Lande*. Mais les intrigues s'accentuèrent à ce moment. Jean Gosselin, revenu de l'exil en Juin 1802, commença par signer : *prêtre ;* en Janvier 1803, il ajouta : *prêtre autorisé par Mgr l'Evêque de*

(1) L'abbé Bellenger avait brigué la cure de la Lande-Patry en même temps que M. Tablet, en 1788. En 1793, les membres de la municipalité d'Athis donnent à l'abbé Bellenger le titre de Curé de la Lande-Patry.

Séez. Au 9 Avril suivant, M. Bellenger était encore à la Lande ; au 29 Avril, il disparut, et en Octobre 1803, J. Gosselin signa : *desservant*. Les ennemis de M. Bellenger étaient triomphants.

L'évêque de Séez, à qui il appartenait désormais, le nomma curé de Craménil, puis de l'Epinay-le-Comte, où il mourut de chagrin en 1808, à l'âge de 49 ans. Il regretta toujours la cure de la Lande-Patry. Les membres de sa famille conservent respectueusement quelques-uns des livres qui lui appartinrent.

Monsieur Durand

L'abbé Durand, Louis-Pierre-François, était né à Mille-Savattes (N.-D.-du-Rocher). Pendant la Révolution, il fit de longs et fréquents séjours à Athis ; mais pour les besoins du ministère, il circula dans toute la contrée. Ainsi il eut occasion de baptiser une de mes tantes, Julie Devardon, à Ronfy de la Lande-Saint-Siméon. Il était reçu à la Bunodière et à la Rennerie. Ces deux villages lui servaient de quartier général. Il était toujours bien accueilli par Marie Jouanne, qui lui dressait un autel sur le tablier du pressoir, qu'elle couvrait du plus beau de ses draps. Les fils Lemoine lui servaient de guides et le conduisaient de village en village pour le changer de gîte, ou procurer à des malades les secours de la religion. Un de ces jeunes gens y gagna une maladie mortelle. M. Durand en garda toute sa vie un souvenir reconnaissant, et plus tard, lorsqu'il eut été nommé Curé des Tourailles, où il établit la Confrérie de N.-D. de Pitié, il s'imposa le devoir d'accueillir avec empressement les membres de cette famille dévouée. C'est ainsi que les enfants Huet, dont la mère était une Lemoine, devinrent les assidus du presbytère. M. Durand imposa le scapulaire à l'un d'eux (François), lorsqu'il partit pour le siège d'Alger où il courut, sans en éprouver rien de fâcheux, les plus grands dangers. Dans une bataille, son sabre fut brisé en deux d'un coup de mousqueton. Il fut un des cinq survivants de sa compagnie.

Par tempérament, M. Durand était plus hardi que M. Prieur. Celui-ci ne reculait jamais quand il s'agissait de remplir des devoirs pressants. Il était si saint ! Mais alors, il opérait sans bruit, doucement, sans démonstration aucune. Celui-là était plus osé et mettait son bonheur à entourer une cérémonie religieuse de quelque solennité. Ainsi la première communion de Marie-Anne Delozier fut moins terne que celle dont s'occupa l'abbé Prieur.

Marie Delozier, née en 1782, fut admise à sa communion en 1794, aux plus mauvais jours de la Terreur (1). D'autres enfants avaient été, comme elle, jugés dignes de cet honneur. On les convoqua à la Chiennerie. L'autel fut dressé dans le pressoir. L'abbé Durand (2) commença la messe sur l'heure de minuit, leur adressa quelques chaudes et pieuses paroles, et fit réciter des actes. Celui de Marie Delozier a été conservé. C'est un abrégé de la prière si connue : « O bon et très doux Jésus ». Il a été écrit par une main exercée, probablement par M. Durand lui-même. La seconde communion de la jeune fille se fit à la Cochetière, derrière le bois d'Athis, dans des conditions au moins aussi édifiantes.

Après la Révolution, dès l'année 1799, M. Durand exerça le ministère à Sainte-Honorine-la-Chardonne, baptisant, présidant les inhumations et réhabilitant les mariages. Il faisait les fontions de curé, bien qu'il ne signât que : *Durand, prêtre*. Cependant, quand les prêtres d'Athis le remplaçaient momentanément, ils avaient soin d'ajouter : *pour la maladie de M. le Curé.*

(1) Marie Delozier épousa Planchon de la Malière, l'oncle de Planchon Normal. Sa fille a épousé Louis Jeanne, l'ancien quêteur de l'église.

(2) Marie Delozier a constamment redit que celui qui lui avait fait faire sa première communion était le Chapelain des Tourailles.

En 1805, l'évêché de Séez régularisa ses pouvoirs. En 1808, il fut remplacé par M. Langlois et envoyé dans une autre paroisse. N'ayant pu s'y habituer, il se retira au sein de sa famille, à la Caverie, en Notre-Dame-du-Rocher (1).

Le 9 août 1820, il accepta la cure des Tourailles. Démissionnaire le 30 juin 1831, il continua de résider en ce lieu où il mourut le 29 décembre 1839, à l'âge de 84 ans. Sa pierre tombale porte, avec la date : « Ici repose M. Durand, curé des Tourailles, fondateur de la confrérie : *Gratus Deo.* »

____

(1) Témoignage de Prudent Bréard, dont le père alla souvent chez M. l'abbé Durand, de la Caverie, dans la maison qui possède une montée, à gauche de la route.

CHAPITRE XII

L'abbé Prieur

L'abbé Jacques Prieur appartient à Athis par les origines et la descendance de sa famille. Son acte de décès le dit né et décédé en la commune. Plusieurs m'ont indiqué, au village de la Tellerie, la maison où ont habité ses parents. Son neveu, Jacques Prieur, rebâtit le moulin de la Martinique et y fit graver son nom. Sa petite-nièce, de la Huanière, devint la femme de J.-B. Montier, le meunier d'Epinouze, et son arrière-petite-nièce a épousé Basile Rabache, conseiller municipal.

Il est probable cependant que M. Prieur naquit à Saint-Germain-du-Crioult. Les archives de l'évêché de Bayeux le font supposer, et nous avons vainement cherché son acte de baptème sur nos registres.

Pourquoi M. Prieur prit-il temporairement le nom de la Rebaudière? Est-ce parce qu'il était né dans ce village, ou bien à cause d'un bénéfice dont il aurait été le titulaire? M. le chanoine Hugonin incline vers ce dernier sentiment.

Quoi qu'il en soit, M. Prieur fut ordonné diacre en l'église bénédictine de l'abbaye de St-Vigor, près Bayeux, par Mgr de Cheylus, le 20 septembre 1777. Que fit-il après son sacerdoce? Resta-t-il avec les Bénédictins de St-Vigor, ou se contenta-t-il de son petit bénéfice de la Rebaudière? Nous ne le savons pas. Au commencement de la Révolution, il se réfugia à Athis, qui était rempli de ses connaissances et des membres de sa famille.

La taille de notre futur apôtre était moyenne. Sa

santé était délicate et réclamait de nombreux ménagements. Le bon abbé avait besoin de pain mollet de Condé
et de tabac. Il s'impressionnait facilement, et ne bravait
jamais le danger. Par tempérament, il était sans audace.
Il avait peur de tout, m'a dit sa petite-nièce, et, a-t-elle
ajouté: «Cela se trouvait bien mal, car il vécut dans un
temps si malheureux ! »

Son zèle lui rendit des forces et du courage, ce qui
lui permit d'exercer un ministère des plus apostoliques
et des plus laborieux pendant près de dix ans. Pressé
par le devoir, il ne s'écoutait jamais, était toujours par
monts et par vaux, passant une partie de ses nuits à
s'occuper du salut des âmes. Il fut littéralement héroïque.
Nous savons qu'il se multiplia à l'excès. Avec toute la
paroisse, j'estime qu'il a fait un très grand bien à l'ensemble de la population par son zèle ardent, sa piété
et le prestige de sa sainteté. Mon vif désir serait de
connaître le lieu où l'on a déposé ses restes. Dieu a eu
ses vues en le conservant pendant des années. S'il veut
la glorification de son serviteur ils reparaîtront au jour
marqué par sa Providence.

L'abbé Prieur ne fut pas un audacieux. En revanche,
il sut prendre tous les déguisements, changer sa voix et
dépister toutes les recherches. Des amis dévoués lui faci-
litèrent considérablement la besogne. François Dujardin,
de la Bohardière, dont le père reçut le baptême à la
Bunodière, me disait avec fierté que son grand-père s'était
exposé souvent aux coups de bâton et à la mort, en
conduisant M. Prieur. A la Blanchardière, M. Hamon
lui fournit une hospitalité presque régulière. A peine
arrivé, il se glissait dans le lit du fils de la maison, qui
lui ménageait une place. Il agissait avec un sans-façon
plus familier encore à la Bunodière. A la saison d'été,
en se réveillant un matin, le jeune Lemoine, qui était
couché sur le bord du lit, aperçut sur la table une
perruque et une casquette. Il les reconnut de suite et se

mit à dire : « Mais c'est la casquette et la perruque à
Pierrot. Où est-il donc Pierrot ? » Pierrot (l'abbé Prieur)
était à ses côtés, dans la *venelle* où il avait pu se poser
sans réveiller son camarade de lit. De cette manière, aux
jours d'alerte, les coureurs de prêtres ne trouvaient
jamais vide la couche qui avait été échauffée par le
proscrit.

Les lieux de refuge les plus ordinaires de M. Prieur
étaient la Bunodière et la Rennerie (1).

Chez les Lemoine

Toutefois, il n'aurait pas été prudent de s'y abriter
sans précautions. Les salles et même les greniers n'auraient pu fournir une cachette assez sûre. Les patrouilles
y étaient constamment revenues, et, depuis l'aventure
du désarmement dont nous avons parlé plus haut, les
appartements étaient scrupuleusement fouillés. Malgré
de minutieuses précautions, le père Lemoine se vit
dépouillé de trois pains qu'il était allé chercher jusqu'au
Pont-des-Vers. Il était alors très difficile de s'en procurer
à Athis où les habitants étaient rationnés (2). Les bleus
avaient fouillé les plus petits coins du grenier. La famille
dévouée qui habitait ce hameau ne renonça pas pour cela
à pourvoir au salut des prêtres. Ils leur préparèrent un
logement au milieu d'une haie qui avoisinait l'un de leurs
jardins, sous des touffes d'épines très vigoureuses (3).
C'est là que M. Prieur passa de nombreuses journées, car
pendant la nuit, il parcourait ordinairement de longues
distances.

---

(1) Lemoine possédait presque toute la Rennerie, il loua la ferme de
la Bunodière pour occuper ses cinq garçons. Sa fille Marie fut marraine
dix-huit fois. La ferme de la Bunodière a été vendue à Levain en 1826.

(2) Les Lemoine l'étaient plus spécialement. On les observait de près
avec l'espoir de découvrir et de prouver qu'ils nourrissaient des bouches
étrangères à leur famille.

(3) Cette haie n'existe plus.

En revenant de ces courses, il était souvent couvert de boue, trempé par la pluie et tout transi. En la circonstance il se rendait à la Bunodière. Son asile était au-dessus du pressoir où couchait, dans une mauvaise chambre, l'un des fils de la maison. La porte était usée et mal close. Comme elle roulait sur des *bourdonnières* (1) et qu'elle grinçait assez fort, l'abbé se glissait en dessous de la porte, et, en se mettant au lit, il faisait ses excuses à son compagnon en disant : « Ah ! mon pauvre ami, comme je vais te glacer encore » Lemoine le rassurait. Il était assez heureux de lui rendre ce service.

Les Lemoine savaient se protéger eux-mêmes. Lorsque l'abbé Prieur était chez eux, les fils de la maison se postaient à droite et à gauche sous le prétexte de continuer un travail utile. A la première alerte, le prêtre était averti par un chant, un air sifflé ou des éternuements convenus. Malgré ces mesures de prudence, comme les *bleus* usaient de ruse de leur côté, M. Prieur fut plusieurs fois sur le point d'être pris. Au cours d'une des plus mauvaises années, sur la fin du mois de juillet, la patrouille arriva sans bruit avant le lever du soleil. L'abbé était là ; mais heureusement sa messe était presque finie. Le temps de la terminer, de se déshabiller et de faire l'emballage des objets compromettants le mirent dans le plus grand danger. Il n'eut sur ses ennemis que quelques pas d'avance. Un instant de plus, il aurait été surpris. Lemoine aîné s'était emparé du sac aux ornements et avait entraîné le pauvre proscrit vers les champs remplis de moissons. Ils s'y cachèrent lestement et attendirent, non sans émotion. La patrouille fit de minutieuses recherches au village et aux environs.

La famille Lemoine, qui n'en connaissait pas le résultat, était plongée dans l'inquiétude, mais elle eut la sagesse de demeurer impassible et de ne manifester aucun

(1) pivot de bois, roulant sur une pierre ou une pièce de bois.

trouble. La première journée, personne n'osa sortir. Tous se sentaient épiés. Quand le soir fut venu, l'un des enfants fit quelques appels discrets. Il n'obtint pas de réponse.

La seconde journée, les appréhensions devinrent plus vives. On avait des craintes sérieuses sur le sort des deux fugitifs. Avaient-ils été tués ? Avaient-ils été pris ? Les gens de loi allaient-ils venir les saisir eux-mêmes ? Les tourments étaient extrêmes. Des battues plus étendues, mais toujours très prudentes, furent organisées à l'entrée de la nuit. On découvrit le prêtre et son guide au milieu d'un champ de blé. Tout autour d'eux il n'y avait plus d'épis, car ils avaient vécu à la mode des Apôtres, en égrenant le froment dans leurs mains.

La joie fut grande. Malgré tout, l'abbé Prieur n'osait reparaître à la Rennerie. D'après sa conviction, on l'avait aperçu, au moins soupçonné et on allait user de ruses à son égard. Tous lui affirmèrent inutilement qu'il n'y avait plus de danger.

Il finit par se laisser convaincre. Le père Lemoine avait de si bonnes raisons pour le rassurer ! L'abbé pouvait mettre sa confiance en cet homme intelligent et dévoué ! Il le savait très au courant de tout ce qui se passait dans la commune et même au Conseil municipal, où siégeaient des amis cachés, des prêtres. L'habileté de Lemoine fut rarement mise en défaut. D'autre côté, au moment des visites domiciliaires, il gardait un calme imperturbable. Ses réponses venaient toujours avec un heureux à propos, et lorsqu'on lui adressait des reproches sur son peu de zèle patriotique, d'un mot il clouait son adversaire au mur : « Que demandez-vous, s'écriait-il scandalisé, n'ai-je pas l'un de mes fils au service de la patrie ? »

II

Aux Avenages

Ce hameau était perdu au-delà de la butte du Poirier et du Petit-Fief. Le chemin qui rejoint présentement la route n'existait pas il y a cent ans, pas plus que le large sentier qui descend au Baronnet. Assis en face des côteaux de St-Pierre, entre deux petits mamelons, il comptait deux lignes de maisons assez espacées, et, au-delà d'un mince ruisseau et de son étroite prairie, s'étendait une cour de ferme avec ses bâtiments. (1) Cette solitude servit de quartier général à l'abbé Prieur pendant plus de deux années. Il y rencontra une tranquillité relative et de vrais amis. De là partaient les pieuses expéditions. Le fournil qui existe toujours au bas de la butte du *Petit-Fief* fut sa première retraite. L'abbé y fit pratiquer une cachette qui s'en allait du fournil jusque sous la colline. Le sol argileux de la butte lui avait paru très favorable à ce genre de travail. Il s'y refugiait aux jours d'alerte. Un gros *mouron* (salamandre terrestre), qu'il vit sur ses effets à son réveil, lui causa une grande émotion et une forte répugnance. Il ne se résigna plus à redescendre en ce trou. Ses protecteurs firent alors une voûte dans une grosse haie au-delà du plant sur le bord de la Vallée.

M. Prieur baptisa dans le fournil Julie-Anne et Suzanne Sébire, de la Mazure, de 1793 à 1795, Jean Radiguet, de Chennevière, etc...

Souvent, à la belle saison, les baptêmes eurent lieu en plein air dans le jardin qui est au carrefour des deux chemins. De cette manière, au cas d'une surprise, il y aurait eu moins de personnes de compromises. Quand ces cérémonies se faisaient, on postait des *guetteurs* un peu de tous les côtés.

La meilleure sauvegarde était la piété et la sympa-

(1) La ferme appartenait à Mlle Pringault. Elle était alors dirigée par Cottard, le grand-père de celui qui habite le Poirier.

thie pleine de vénération dont M. Prieur était entouré.
Le secret de cette retraite ne pouvait plus être gardé,
puisque l'on apportait des enfants de tous les environs et
du Grand Samoi. En ce village, les divers corps de
bâtiments, et particulièrement celui qui est situé entre
les deux lignes de construction et a été la demeure de
Fleury, dit l'Empereur, servaient de refuge au proscrit.
La messe était dite dans le cabinet de l'habitation
Jehan, en face des deux lucarneaux qui prennent jour
sur la vallée. Cette maison était alors celle de Louis
Louvet. On eut un matin une grande alerte. Les des
Brocardières vivaient près des Avenages, au village du
Poirier. Pendant que M. Prieur était à l'autel, l'un deux,
Pierre, le conseiller municipal, entra à l'improviste. On
l'occupa du mieux possible, mais non sans émotion ; le
cabinet était plein de monde. Des Brocardières comprit
évidemment ce qui se passait, mais il eut l'humanité et
le tact de ne rien dire. Il se souvint des prêtres qu'il
avait dans sa parenté (1) et de la bonne éducation qu'il
avait reçue. Il ne fut pas un dénonciateur. On fut inquiet
pendant quelques jours ; on se rassura bientôt, car on ne
vit aucune patrouille et point de perquisition.

Les Louvet continuèrent leur rôle de dévouement.
L'abbé Prieur avait une confiance entière en ces braves
gens qui lui donnaient asile et disposaient tout avec un
soin religieux quand il pouvait dire la messe aux
Avenages. Le fils aîné, Louis devint un de ses conducteurs et son commissionnaire. Ses quinze ou dix-sept ans
lui permettaient de franchir les distances avec rapidité
et il n'était pas assez fort pour qu'on eût l'idée d'en faire
un garde national ou un soldat de colonne mobile. (2)

---

(1) Gabriel Decrouan, le chapelain d'Athis était son cousin. Les filles
de P. Brocardières ont épousé, l'une un M. Madeleine du Rocher, l'autre
un M. Masson.

(2) L'abbé Emile Louvet, qui vient d'être admis au sacerdoce est de la
descendance de ce brave homme.

Lorsque l'abbé Prieur devait quitter le village pour une autre région, c'est à lui que l'on confiait le missel et aussi une partie des ornements. On le dirigeait souvent du côté du Buat, au delà de la ferme du même nom et de l'ancien étang.

Un jour, il eut une grande émotion. Comme il arrivait à un carrefour, chargé de son précieux fardeau, il fut aperçu par un détachement d'hommes armés. Son trouble fut remarqué par l'un d'eux. Ne se contentant pas de l'interpeller, il voulait courir après et le faire venir à l'ordre. Le petit Louis devint pâle et comme interdit. Il fut sauvé par l'intervention du chef de la patrouille qui arrêta le zèle de son subalterne en lui disant : « Que vas-tu faire encore ? Laisse donc ce gamin aller à ses affaires ! » Louis bénit le ciel et s'éloigna à grands pas de ses malencontreux inquisiteurs, Il arriva tout essouflé chez Julien Chauffray, dit Groult, du Bas-Buat, (maison Bain). Celui-ci le reçut avec bonté et reconforta son courage. Comme à l'ordinaire, il fut heureux d'apprendre que l'abbé Prieur deviendrait son hôte au cours de la nuit. Il prépara la chambrette, avertit les voisins et attendit. La demeure de Groult était toujours à la disposition du proscrit, mais comme toutes les autres de la paroisse, elle était exposée aux perquisitions des bleus.

Lorsque le danger était trop grand, le prêtre cherchait un refuge sous un pont qui existait alors à côté de l'ancien manoir. De là, il surveillait le bruit des pas et soupirait après le moment où on allait venir le délivrer. C'était là un triste réduit ; il fallait bien s'en contenter. Les nuits que les pauvres proscrits pouvaient passer dans un lit furent assez rares et jamais tranquilles ; celles pendant lesquelles ils durent, ou circuler pour ne point mourir de froid, ou se contenter des plus tristes cachettes furent fréquentes et de beaucoup les plus nombreuses. Je ne puis m'empêcher de frémir en pensant à l'abbé

Bellenger, attaché à une branche d'arbre pour ne point tomber, à l'abbé Prieur, couché dans le caniveau d'un étang ou blotti dans son tonneau ! En été, cette vie paraît supportable, mais dans nos contrées, combien l'été nous fournit-il de nuits douces et agréables ?... Ces pénibles nécessités durèrent plus de dix années.

III

Planquivon

Des Avenages, M. Prieur, en longeant la vallée, cherchait un refuge au moulin de Planquivon (planche. Yvon). « Ce prêtre était si bon, nous a raconté la directrice de la cantine, Clémentine Chauffray, que chacun se faisait un devoir de le protéger. Plusieurs des impies eux-mêmes usaient envers lui d'une certaine modération. » Un jour, aux environs du Domaine, comme il traversait un champ labouré tout plein d'eau, il entendit, assez près de lui, des voix qui ne lui inspiraient rien de bon. Sans hésitation, il se coucha à p'at ventre dans le sillon. L'eau lui roulait sur le dos. La bande jeta un coup d'œil curieux sur le champ, mais ne vit ou ne voulut pas voir l'abbé Prieur. Cette chance, si souvent renouvelée, était regardée comme miraculeuse par plusieurs. Le meunier de Planquivon, J. Gourdel était de ceux-là. Il traitait le proscrit comme un saint et osa le lui dire un jour : « Ne parle pas ainsi, reprit vivement le bon abbé. Les prêtres sont des hommes comme d'autres ; ils ont, au contraire, bien à combattre, bien à se donner à garde ! » Le meunier conserva sa conviction, et cette conviction a été acceptée par tout le monde. Il n'en fut que plus empressé à se mettre à la disposition de l'abbé Prieur.

Le chemin de Condé passait à cent pas de son moulin. Ce moulin était établi là où l'on a construit, depuis, la batterie de la filature (1818). Il était donc exposé à chaque instant à recevoir des visiteurs dangereux. Ne voulant pas éconduire M. Prieur, le meunier imagina de traîner l'un de ses mauvais tonneaux au-delà du bief, au bord du bois taillis qui n'avait pas été coupé depuis vingt ans. Les ronces et les broussailles le rendirent promptement invisible.

L'entrée, que l'on avait ménagée très étroite, était masquée par quelques branches touffues. Il fallait les relever et les remettre doucement avant et après les sorties. Le petit sentier du pêcheur, qui longe toutes les rivières du pays, éloignait tout soupçon. Lorsque l'abbé était trop poursuivi, il venait se cacher sous cet abri. Comme c'était en l'année 1793, et que plusieurs jeunes gens des environs, imitant ceux de la Vendée, avaient refusé de rejoindre leur régiment, M. Prieur en recueillit quelques-uns dans son tonneau. Louis Lapierre, de Montilly, et surtout Pierre Roger, du Poirier, eurent assez souvent cet honneur. La messe était dite dans la grange de la mère de ce dernier, où dans celle de son oncle qui était à côté. Les connaissances et les amitiés s'étaient nouées naturellement. Pierre avait été le conducteur du prêtre, il l'avait aidé plusieurs fois à monter au-dessus du cellier Cotard ; il avait même imaginé cette cachette ingénieuse qui permettait de passer d'un grenier à l'autre et, au besoin, de s'esquiver par l'un des jardins. Il était donc tout naturel que le prêtre lui accordât à son tour, un coin de son tonneau.

Roger n'en fit pas abus. Ayant su qu'on avait emprisonné sa mère à cause de lui, son bon cœur se révolta et il s'en alla immédiatement rejoindre son corps. Il fut dirigé sur la Vendée. A Laval, il combattit sous les ordres du général L'Échelle, et comme la bataille ne fut pas heureuse pour les bleus, comme la débandade fut générale, il reparut au Poirier quelques jours plus tard.

La vie de réfractaire était dure. Il fallait se cacher dans les bois, dans les cavernes et un peu partout. Un voisin, membre influent de la municipalité d'Athis, Pierre des Brocardières, celui-là même qui ne dénonça pas l'abbé Prieur, lui fit un passeport de complaisance et lui octroya 28 ans. Roger put se rendre dans le Calvados (1) et y séjourner tranquillement durant quelques années.

Un autre conducteur de l'abbé Prieur était Pierre Corbin, du Poirier. Cet homme était de race chrétienne et dévouée (2).

Les villages où Pierre Corbin se rendait le plus souvent, étaient la Blanchardière, chez Jean Hamon, la Bunelière, chez Huscenot ou la veuve Hazé, et la Mazure, dans une maison inconnue.

Il fallait parfois franchir de bien plus longues distances, soit que le danger fût devenu grand pour le quartier où se cachait le prêtre, soit qu'il y eût un pressant besoin de son ministère à l'un ou à l'autre bout de la paroisse.

IV

Morinée et villages voisins

On vit parfois M. Prieur jusqu'à la Morinée, et cela au péril de sa vie, puisque les gens du village étaient

(1) A Savenel-Secqueville.

(2) La femme de Corbin était une Lesieur, la nièce de cet Antoine Lesieur, de Laumière, qui, royaliste résolu, trouva la mort dans une rencontre, tout près de la Martinique d'Athis, et la cousine des deux Lesieur qui succombèrent au vieux manoir du Buat, après avoir combattu sous Louis de la Rochejacquelin et sous le général de Frotté, et, par là même, parente, au même degré, de Marie d'Athis, l'une des principales fondatrices de la communauté de Briouze. La fille ou la sœur de Pierre Corbin, Marie, fit sa première communion dans une grange de la Bunelière, en 1793. M. Prieur lui en délivra un certificat que l'on a conservé longtemps dans la famille Tranchant.

Louisette, sœur de Marie, la fit, deux ans plus tard, dans la grange du Poirier, où son cousin, Pierre Chauffray, avait été baptisé en 1793.

Le mariage de Pierre Corbin avec une Lesieur fut un bonheur pour lui car les Lesieur étaient instruits, plus qu'on ne l'était à cette époque. Les filles Corbin s'en ressentirent, et toutes deux, surtout Louisette, se mirent à faire l'école, à montrer à lire et à apprendre le catéchisme aux enfants. Elles réunirent chez elles beaucoup de vieux papiers, même une partie des sermons de M. Josset. J'ai appris, non sans étonnement, de la bouche d'une femme âgée des Avenages, qu'elle se souvenait avoir lu souvent l'un de ces sermons. Il portait en entête : Sermon pour le IVe Dimanche de Carême 1811, et avait pour texte : *Quinimo beati qui audiunt verbum Dei.*

terrifiés, surtout depuis l'assassinat du malheureux qui fut étendu et saigné sur la table de Martin Longchamp (1). Les hommes ne couchaient plus guère chez eux, et un des principaux habitants, conseiller à cette époque, se réfugiait près du ruisseau du Lambron, dans les petits bois dont M. Cormaille a fait la belle prairie de la Guillotière. Plusieurs fois, l'abbé Prieur, dénué d'asile, passa quelques-unes de ses nuits blotti dans une barge de paille, non loin du village.

De là, l'apôtre d'Athis descendait au village du Val, sans trop redouter les colères du maire d'Athis, Jean Vardon, qui habitait à l'une des extrémités de ce long hameau. Il était reçu par une famille Binet, qui ne réside plus dans la paroisse. Les divers bâtiments, espacés à travers le vaste plant de la ferme, lui servaient d'abri. On lui fit dire la messe, tantôt sous la *charreterie* et tantôt dans le pressoir.

Et lorsque ses devoirs étaient remplis pour ce quartier, en suivant toujours la rivière, il arrivait à la Basse-Bordée. Celui qui le recevait était un pauvre tisserand, chargé d'enfants, mais homme dévoué et très bon chrétien. La maison avait été bâtie tout près du ruisseau ; là où l'on voit maintenant un pré verdoyant. Au bout de la maison était le cellier dont les murs d'argile avaient, çà et là, de petites ouvertures pour éclairer chacun des métiers. Dans l'un des angles était le vieux bahut que l'on peut voir encore chez la petite fille du brave homme, Madeleine Collin. L'autel était dressé sur ce meuble. Pour que personne ne pût apercevoir la lueur des cierges, Collin faisait boucher les fenêtres avec des tabliers. Malgré ces précautions, on ne fut pas sans inquiétude. Le chemin de Ronfeugeray était si près ! De plus, peu auparavant, on avait eu une alerte à la Planche de la Bordée. Un prêtre, on ne dit pas lequel, avait été

(1) Maison du fermier Dufay.

reconnu par quelques vauriens qui l'apostrophèrent et le menacèrent vivement. Le prêtre s'était montré énergique, n'avait pas nié son sacerdoce, et, regardant avec simplicité ses agresseurs, il leur avait dit : « Mon âme est à Dieu ; de mon corps, faites ce que vous voudrez, je ne tiens pas à la vie ! » Les méchants n'avaient osé exécuter leurs menaces, mais ils pouvaient revenir.

Collin s'en préoccupa ; voulant prendre ses précautions et en même temps continuer son office de protecteur, il s'entendit avec un protestant, très humain et très loyal, fermier à la Motte. La proposition fut acceptée. Le prêtre ne célébra pas en ce lieu, mais il y trouva, à plusieurs reprises, un abri plus sûr que chez les catholiques.

Précédemment, après la révocation de l'Edit de Nantes, alors que les temples et les pasteurs avaient été supprimés, les protestants s'étaient réunis d'une manière presque régulière au village de Chennevière aux Blins. Un hangar, construit dans l'un des champs, leur servait d'asile. Pendant la Révolution, les catholiques se souvinrent de cette solitude. Ils s'y rassemblèrent à leur tour pour vaquer à la prière. Un prêtre s'y rendit à diverses reprises et leur dit la sainte messe. Plusieurs personnes y ont été baptisées ; on cite en particulier : Marie Pringault, de la Métairie, née en 1794 (1).

V

La Heuzelière

A la Heuzelière, quand l'hiver était rigoureux, l'abbé Prieur circulait à travers champs, couvert de la pelisse du maître de la ferme. Aux débuts du printemps, il revêtait seulement un de ses vieux vestons, plaçait son

---

(1) Elle épousa, plus tard, Lemarchand, boucher à Alhis, et a été connue de toute une contrée sous le nom de « *Marie, j'y perds* », expression dont elle se servait souvent dans son commerce.

large chapeau sur sa tête, et, armé d'une bêche, prenait ses ébats à travers les près, visitant les ruisseaux et réparant les rigoles ; un peu plus tard, il prenait un croissant et coupait, le long des haies, les ronces trop envahissantes (1).

Il était facile de se cacher en cet endroit et de rayonner dans les villages d'alentour. De leur côté, les fidèles aimaient cette ferme que l'on pouvait aborder sans être remarqué et d'où l'on pouvait fuir aisément.

La messe fut dite assez souvent dans l'un des appartements, sur un coffre en bois de chêne dont les sculptures et les ornementations ont tenté M. Drugeon, de Briouze, le chercheur bien connu.

L'affluence des fidèles y fut ordinairement considérable. Alors on mettait les assistants un peu partout ; mais les enfants toujours curieux, savaient se glisser et se maintenir au premier rang. François Pierre, de la Mazure, l'un d'eux, aimait à rappeler et à redire aux siens les impressions de ces jours lointains. Il avait remarqué la ferveur des fidèles, la pieuse attitude du prêtre et, détail particulier, la manière recueillie avec laquelle il prenait les Saintes Espèces, semblant se délecter de cette boisson divine : « Il s'en *pourléchait les lèvres,* disait le naïf vieillard ».

Ces jours de bénédiction étaient nécessairement assez rares. L'abbé Prieur devait desservir toute une région. Lorsqu'il était absent, les catholiques ne s'en réunissaient pas moins à la Heuzelière, et, parce que l'on redoutait toujours quelque surprise, le rendez-vous avait lieu, à la saison d'été, au milieu d'un des grands champs, celui où était le blé, l'avoine ou le sarrasin, suivant le moment. Le plus savant lisait les prières de la messe. On osa

(1) La ferme était placée au milieu des terres ; elle n'avait pas alors l'avenue ni le logis que M. Hardi (le bossu) y édifia plus tard, pour s'y installer avec Mlle Brisset, son épouse.

même quelquefois chanter à mi-voix le Credo, les psaumes des vêpres, des hymnes et quelques cantiques.

Les alertes furent fréquentes. Un jour M. Prieur fut sur le point d'être pris. Les visiteurs importuns étaient bel et bien les *bleus* de la colonne mobile de la Carneille. Cette bande ne badinait jamais; elle avait fait ses preuves à la Lande-Patry, à Préault en St-Cornier, et un peu partout. Dieu merci, leur entrée n'était pas motivée par le désir de faire des perquisitions. Le père Pierre était regardé comme un bon et fidèle républicain, et volontiers il donnait à boire aux hommes de la colonne. Personne n'aurait pensé à le soupçonner. L'abbé Prieur était tout près ne se doutant de rien. Les tas de bourrées, les gros pieds d'arbres, les cordes de bois et les planches à la perche dont la cour du fermier marchand de bois était remplie, ne lui avaient pas permis d'apercevoir le mouvement des gens armés. Tout cela facilita son salut. Le père Pierre eut la possibilité de l'avertir et de le faire passer sous les planches. Il revint ensuite, le sourire sur les lèvres, recevoir ses amis un peu gênants. Le cidre offert fut accepté avec empressement, et dès que tout le monde eut pénétré dans la cuisine, l'abbé Prieur sortit de sa cachette, se glissa derrière une haie et parvint dans un taillis voisin. Pendant ce temps, le fermier régalait les soldats et affectait une générosité et une gaieté peu ordinaires.

La ferme de la Heuzelière, qui appartenait à une famille de Ronfeugeray, J. Robillard, fut reprise par ses maîtres (1). Le père Pierre vint s'installer à la Mazure, acquise par Jean Hardy, de la Guesnonnière; son petit-fils y est encore (2).

---

(1) Madame Donzel, de Condé-sur-Noireau, appartenait à cette famille Robillard. Une plaque de cheminée qui a été apportée chez M. Collin, maire de Taillebois, est couverte de fleurs de lys, de couronnes royales, et porte l'inscription suivante : 1762, Guillaume Robillard, de la Rianté M. D.

(2) Jean Hardy, de la Guesnonnière, acheta bientôt après la ferme de la Heuzelière, que les propriétaires, peu habiles cultivateurs, furent obligés de vendre, 16 avril 1809, elle coûta 20,510 fr. au tribunal de Domfront. La

VI

Les Terriers

Aux Terriers, Fr. Delozier, fermier de M. de Saint-Germain, offrit à M. Prieur une hospitalité des plus intelligentes. Il le nourrit et l'abrita très fréquemment, l'avertit quelquefois des dangers qui le menaçaient et lui procura assez souvent le moyen de dire la messe.

L'autel était dressé dans la *tasserie* de la petite grange qui existe toujours au milieu du plant, derrière une rangée de gerbes que l'on conservait à cause de la circonstance. Une issue sur le jardin qui s'étendait à l'arrière de ce vieux bâtiment, permettait aux fidèles et à M. Prieur d'avoir des entrées plus commodes et plus sûres.

Un matin, un nommé Hazé, de la Vatumerais (1) y avait amené le pauvre proscrit. Après la messe, Hazé s'en allait tranquillement vers son domicile. Arrivé au chemin des Haies-Plates, entre Treillebois et la Huasnière, il fit la rencontre de son voisin, le révolutionnaire Lebon ; Hazé comprit le motif de sa présence si matinale, mais, bien inspiré, il l'interpella avec la pensée de l'occuper pendant quelques instants et d'égarer ses soupçons : « Où vas-tu donc ainsi ? lui dit-il. Comme tu m'as l'air pressé ! — Et toi, d'où viens-tu ? riposta vivement Lebon. — J'avais des commissions à faire au bourg, tu vois, je les emporte. — N'as-tu pas entendu dire que le citoyen Prieur disait la messe aux Terriers ? — Non, répondit Hazé, et même cela m'étonnerait, car, dans une tournée, j'ai rencontré tout le monde à la maison. — Eh bien ! j'y vais quand même. Je me crois bien renseigné. Il y a certainement des

, royauté fut aliénée le même jour. Le même acheta Launay de Rouvrou, de M. de la Pommeraie (novembre 1812) et Laumière le 1er octobre 1817, de Anne Lefèvre.

(1) Sa sœur ou sa tante avait épousé Delozier le fermier.

réfractaires à la ferme. Si j'en prends un, il aura son affaire. Ils me donnent assez d'embarras ! »

Sachant où en étaient les choses, Hazé ne prolongea pas l'entretien et prit congé du juge de paix en lui souhaitant bonne chance. Mais quand il fut seul, il remercia Dieu. Vers la fin de la messe à laquelle il avait assisté, les fidèles avaient aperçu par deux fois des lueurs et des éclairs étranges. Les regardant comme un avertissement du Ciel, chacun s'était empressé de regagner son domicile. Leurs pressentiments ne les avaient pas trompés. Avec quelques minutes de retard, ils auraient probablement été surpris.

VII

Chez M. Chauvin-Taillis

La chapelle que M. Prieur avait à la Craimière, chez Mme Duménil, fut également très fréquentée ; mais aucune ne fut plus adroitement préparée que celle de Chauvin-Taillis. Elle était établie dans la chambre de cette maison du bourg, où l'on a, depuis, bâti la pharmacie de son arrière petit-fils et la boulangerie Vivien. Pour se présenter à cette porte, l'abbé prenait ordinairement le costume de meunier. Il arrivait sur le soir, assez tard dans la nuit, portant quelques petits sacs sur le mauvais cheval qu'on lui avait prêté. Il annonçait sa présence par de vigoureux coups de fouet. Au deuxième ou troisième, suivant les conventions, la petite Gothon, qui avait l'oreille au guet, s'empressait de crier par la fenêtre le : « *Qu'est-ce qu'est là ?* » traditionnel. — « C'est le meunier, c'est Pierrot qui rapporte la *monnée* (moulée) » disait M. Prieur en dénaturant sa voix. Et quand il n'y avait à la maison aucune personne suspecte, on répondait ferme : « Entre, mon garçon, mets-la dans la cuisine, mange une bouchée, bois un coup, je vais descendre. » Si le jour était mal choisi, Gothon s'écriait : « Tu reviendras demain » ou un « *tout de suite* » qui était compris.

L'abbé Prieur avait, en M. Chauvin-Taillis et toute sa famille, des protecteurs à toute épreuve. Ils le recevaient autant que la prudence le permettait, dans cette chambrette qui lui servait de chapelle et de confessionnal. Quand il pouvait célébrer, M. Chauvin saisissait son gros pilon d'acier et s'appliquait à broyer, au fond du mortier de bronze que son gendre (1) a vendu à M. Havard, de Villedieu, les herbes qui lui étaient nécessaires pour certains remèdes. Le pieux public comprenait à ce signal que le saint sacrifice allait être offert. Il accourait discrètement et, pendant les allées et venues, pour que personne ne pût rien entendre, M. Chauvin continuait à faire un bruit d'enfer avec son mortier qui sonnait comme une cloche. De cette sorte, le grand-père paternel et le grand-père maternel de M. l'abbé Pierre, vicaire de Saint-François, à Paris, ont été les défenseurs des prêtres proscrits par la Révolution.

VIII

Pierre Onfroy

Parmi les conducteurs dévoués de M. Prieur, il faut citer Pierre Onfroy, un habitant de la Craimière (2). Il était relativement jeune et marié depuis peu de temps. Un soir il était à la Durandière. Il avait pris le prêtre chez Mlle Pringault, qui n'avait pas encore émigré vers Caen (3).

(1) Louis Pierre.

(2) Sa fille fut baptisée en 1800. Dujardin, de Sainte-Honorine, son futur mari, l'avait été cinq ans plus tôt par le même et au même lieu.

(3) Cette demoiselle était une chrétienne de grande vertu. Sa principale occupation était de soigner les malheureux, confectionnant des habits aux plus âgés, des layettes aux petits. Pour la mortifier, un riche du pays avec lequel elle eut un procès, l'appela petite couturière. « C'est vrai, dit Mlle Pringault, je prie Dieu et travaille pour les pauvres. Je préfère cela à vos extravagances et à vos folles dépenses.

Ils conversaient tranquillement ensemble à voix basse.
Arrivés à la hauteur de la Masquerie, ils aperçurent au
carrefour trois hommes qui, avant de s'en aller en sens
contraire, se faisaient des adieux. L'abbé Prieur crut les
reconnaître et dit : « C'est un tel, je suis perdu ! » Onfroy
ne se départit pas de son sang froid : « Allez vite par là ;
je vais les dérouter. » Puis se tournant vers la haie, il
continua seul la conversation si brusquement interrompue.
Nos trois hommes, qui étaient des vauriens, des coureurs
de nuit et des persécuteurs de prêtres, eurent le soupçon
de la vérité. Heureusement ils hésitèrent quelques instants.
Quand ils abordèrent Onfroy, ils le trouvèrent très occupé
et causant toujours : « Qu'est-ce qui était avec toi tout à
l'heure ? lui dirent-ils à brûle pourpoint. — Mais personne,
répondit naïvement Onfroy. — Tu mens ! Ne sait-on pas
que tu es l'un des amis du mauvais Prieur ? c'est lui qui
était là, tu lui parlais ! Nous t'avons entendu. — Je parlais,
c'est vrai, mais je parlais tout seul ; je parle encore.
L'abbé Prieur ! Il y a beau temps que je ne l'ai vu ! »

Pendant ce débat, le plus acharné des trois s'était
avancé vers la brèche, sondant de l'œil tous les recoins
du champ. Il ne vit rien, il est vrai, mais d'instinct, pres-
sentant une bonne prise, il engageait ses camarades à
l'accompagner. Onfroy se mit à dire : « Bien du plaisir,
mes garçons ! » Et, s'adressant à celui qu'il soupçonnait
le moins mauvais, il ajouta : « Est-ce que tu y vas aussi,
toi ? Viens donc plutôt avec moi ; Tenez, venez-y tous ;
j'ai du *bon pré qui picotte*, je vais vous en payer un verre,
et nous allons manger des châtaignes. » Saisissant la
blouse des deux moins récalcitrants, il redit : « Venez
donc ! » Et il les entraîna doucement. Comme les compagnons se laissaient faire, celui qui de la brèche fouillait
les champs voisins, finit par abandonner la partie. Mais
en suivant ses camarades, il exprima ses regrets : « C'était
bien sûr lui ! Nous l'aurions attrappé ! J'ai été bête de
venir ! » Onfroy leur paya de bon cœur un ou deux pots

de poiré et les régala à souhait. Le lendemain soir, après s'être muni *de tabac et de pain de Condé*, il se dirigea vers la Durandière, par un chemin détourné. On désirait l'abbé à la Craimière, mais lui n'était point rassuré : il avait été vu et certainement reconnu et désignant le nom du plus mauvais, il disait : « Il ne va certainement pas s'en tenir là ; il avertira les compères et je vais être pris ! » Onfroy fut obligé de le réconforter, et, en gazant un peu la vérité, il raconta le bon tour qu'il leur avait joué. M. Prieur se laissa faire ; il ne fut pas inquiété cette fois. Onfroy continua de servir la bonne cause ; il en a été béni, lui et sa famille. Les trois coureurs, dont je pourrais dire les noms, sont morts plus ou moins misérablement.

IX

A la Durandière

Le respect universel dont Mademoiselle Pringault était entourée, gêna longtemps les méchants. Ils s'enhardirent enfin et vinrent jusqu'à la Durandière. N'osant toutefois lui faire violence, ils se contentèrent de briser les palles de l'étang faisant face à son logis. C'était conforme à une loi nouvelle. Peu de jours après la pieuse demoiselle partit pour Caen.

L'abbé Prieur perdait ainsi l'un de ses soutiens le plus dévoué et le plus puissant.

Fr. Hamon, capitaine des nationaux, voisin et filleul de la bonne demoiselle, consentit à lui donner un abri temporaire. Il fut préparé non dans la belle maison présentement habitée par les fermiers : mais dans la *carrée* où réside la veuve Martin sa petite-fille. La retraite était sûre, personne ne soupçonnait un prêtre chez un républicain si nuancé. On n'en prit pas moins de sages précautions. Une cloison fut défoncée et deux meubles adossés à cette ouverture. Auparavant on avait supprimé un des fonds du dressoir et rendu l'autre mobile. De cette manière, au moment du besoin, le prêtre pouvait passer tantôt dans un appartement et tantôt dans l'autre.

La solitude qui entourait cette demeure étant propice, l'abbé Prieur y convoqua les fidèles, et pendant que son protecteur dirigeait une patrouille à une extrémité de la commune et pourchassait les prêtres, la messe se disait dans sa propre maison.

Le baptême y a été conféré à Anne-Marie Hamon, la fille du capitaine, à une fille Lelandois, à deux enfants Lecoq du même village et à beaucoup d'autres qu'on apportait des environs.

X

A la Craimière

Aux plus mauvais jours de la Terreur, un prêtre, probablement l'abbé Prieur, était poursuivi de très près par un groupe de républicains. C'était à la Craimière. Apercevant la porte de Mme Dumesnil entr'ouverte, il s'y précipite. Il a le bonheur de rencontrer la respectable dame et, tout essoufflé, il lui dit : « Sauvez-moi ! Je suis pris ! » Avec un sang-froid admirable cette femme ouvre une porte et lui dit : « Mettez-vous là et ne bougez pas ! » Une fois la clef en poche, elle se place sur le seuil de la porte du jardin. Les bleus arrivent et, la menace à la bouche, ils lui crient : « Livrez-nous le prêtre qui est caché chez vous ! Nous en sommes sûrs, nous l'avons vu entrer ! — Ah ! c'est donc cela, répondit-elle avec un étonnement très naturellement imité. Je me demandais qui était passé comme un éclair à côté de moi ! Il est allé par là, et tout à l'heure, vous le voyez bien, je cherchais à me rendre compte. »

Le tout fut dit simplement et avec calme. Les persécuteurs, s'y laissant prendre, se mirent à courir dans la direction indiquée. A peine furent-ils sortis que Mme Dumesnil ouvrit le cabinet et s'empressa de faire placer le proscrit dans la cachette plus sûre du grenier.

Un soir, n'ayant pu aborder la Craimière, malgré beaucoup de tours et détours, M. Prieur se logea dans une barge de bourrées qui avait été faite entre la Colomblée et le bourg, à gauche du vieux chemin de la Pilâtrière. Mais un méchant l'avait aperçu ; il alla en prévenir ses compères en persécution. Avec eux, il fouilla tous les environs, les hangars, les champs, les haies et les buissons. Ils commencèrent même à arracher les bourrées de la barge où le pauvre prêtre était blotti. Pendant que ses ennemis continuaient leurs efforts et tiraient les fagots, lui prolongeait ses prières et se recommandait à Dieu. Dieu l'exauça. Les persécuteurs s'arrêtèrent au rang qui closait sa retraite et le voilait à leurs regards. Rarement il avait couru un plus grand danger.

XI

Un baptême à la Foucaudière

Un enfant venait de naître aux environs du Poirier. Sa famille chrétienne voulut lui assurer le bienfait du baptême. Un exprès fut député vers M. Prieur, dont les bons chrétiens connaissaient ordinairement le lieu de refuge. Cet envoyé était un couvreur. Il eut le bonheur de le rencontrer. Parce qu'il faisait déjà un peu nuit, il ne crut pas devoir rallonger son chemin et s'engagea dans la rue du Conseil. Reconnu par deux ouvriers avec lesquels il buvait quelquefois, il fut invité à prendre un verre. Le jour était mal choisi. Le couvreur se tira d'affaire en recevant et en disant de grosses paroles agrémentées de jurons qui scandalisèrent l'abbé Prieur, « Tais-toi, lui répétait-il, et ne jure pas tant! » Après ce mauvais pas, on arriva sans autre encombre à la Foucaudière. L'abbé fut recueilli comme à l'ordinaire par les habitants de la dernière maison de droite, celle où demeure présentement Julie. Après quelques détours, il put pénétrer dans le jardin sans être vu et monter à la chambre par l'escalier placé du côté opposé au chemin. Au grenier, des mains pieuses avaient préparé ce dont il était besoin pour le baptême et la sainte Messe, car la Messe y était dite quelquefois.

On raconte même à cette occasion un curieux incident qui mit en émoi une poignée de fidèles.

Il se fit vers la fin de l'office un bruit extraordinaire : on aurait dit plusieurs personnes rôdant autour de la maison et cherchant une issue. Aucun d'eux n'osait faire de mouvement. On croyait l'ennemi tout près, et, par intervalles, la terre et les murailles répercutaient la marche qui se continuait aussi intense à l'extérieur. Enfin une femme plus hardie consentit à descendre. Elle aperçut... la jument du père Collet en bris de clôture.

XII

Chez les Huscenot et à la Bunelière

La famille Huscenot possédait, au xviiie siècle une grande fortune et une situation prépondérante (1). L'un de ses membres épousa, vers 1730, l'aînée des demoiselles de Mombray du Rocher Nantreuil. Les Huscenot habitèrent la Bunelière, les Bois, le Poirier et autres lieux, car les Huscenot étaient riches, si riches, qu'à la mort du chef de la famille, la propriété étant partagée entre ses treize enfants, chacun d'eux eut une ferme. Mais comme les habitations faisaient défaut, l'un, Nicolas,

____

(1) Elle était arrivée en nos contrées à la manière patriarcale, avec ses troupeaux et ses richesses, d'un pays où sévissait la guerre, de l'Angleterre, disent quelques-uns. Ils achetèrent tout un territoire entre la Bunelière et le Bois.

l'ancêtre de M. Huscenot, de Cahan, construisit la grande maison du Poirier (1787); l'autre, celle de la Bunelière (1771) (1), Nicolas, qui fut médecin, eut la ferme du Bois dans son lot. Il y bâtit une jolie demeure en 1802. Son père Guillaume avait fait graver son nom et une épée sur la cheminée de la vieille maison, en 1754; la veuve de ce dernier, Jacqueline Deramé, construisit la grange en 1775.

L'aîné des enfants continua de résider dans la maison paternelle (celle de Jean Roger), à la Bunelière. A côté de lui habitait son fermier, le protestant Chauffray. C'est là que M. Prieur vint se refugier quelquefois. Une cachette lui avait été ménagée à cet effet au-dessus d'une chambre maintenant abandonnée, au bout de l'escalier du grenier, sous les combles de la couverture habilement déguisés. Le prêtre y pouvait tenir à genoux et couché, mais point debout. Personne ne l'aurait soupçonné en cet asile. Le vieillard qui me l'a indiqué l'avait souvent visité dans son enfance. Quand je suis allé à la Bunelière afin de contrôler ses dires, des personnes élevées en ce hameau m'ont conduit directement et sans hésitation à l'endroit désigné. Il est toujours là, quoique un peu délabré. « J'y suis venue bien des fois alors que j'étais petite, m'a dit une des femmes présentes. Notre plaisir était de le montrer aux camarades et de nous y cacher lorsque nous organisions nos jeux. »

Au même village, dans le pâté de maisons qui est en face, au-delà de la cour de la ferme, habitait une veuve Anne Hazé. Cette brave femme se montra également dévouée pour les prêtres. En ces temps, un violent incendie brûla sa maison. Elle fit à ce sujet plusieurs déclarations et réclamations à la mairie, inutilement je

(1) En arrière, dans une grange où l'on remarque l'accolade d'une ouverture soignée, l'on m'a montré une des habitations des Huscenot. Sur les jambages de la grande cheminée sont en relief une enclume, un fer à cheval tenu par des tenailles, un instrument pour couper la corne et un marteau.

pense. Son mari avait eu des malheurs, mais les bons sentiments de la veuve n'en furent pas amoindris.

Un jour, une escouade de bleus assaillit sa demeure. L'abbé Prieur, qui était dans la chambre, eut le temps de monter au grenier et de se laisser glisser au fond d'une longue ruche de paille placée à l'une des extrémités. Les bleus visitèrent la salle, la chambre, et pénétrèrent jusqu'en haut. Celui qui précédait la bande alla droit au *bourrot* de paille. Plaçant la main dans le vide, il rencontra une tête. Que se passa-t-il au fond de son cœur ? Eut-il la crainte de se compromettre devant sa famille ? N'osa-t-il pousser jusqu'au bout sa fureur première ? Ou n'était-il parmi les mauvais qu'un pusillanime qui s'était laissé entraîner ?... Je ne sais, mais il retira vivement la main, comme s'il l'eût posée sur des charbons ardents et se mit fiévreusement à bousculer le bois qui était à côté. Il dit bientôt : « Allons-nous-en donc, garçons, que voulez-vous chercher là-dedans ? Vous le voyez, il n'y a pas où se cacher ! »

L'abbé Prieur continuait de prier, et cette fois encore, il put remercier Dieu de l'avoir sauvé.

Les persécuteurs du pays mirent tout en œuvre pour arriver à leurs fins ; et parce qu'ils avaient appris qu'en plusieurs endroits on avait dressé des chiens à la chasse à l'homme, ils essayèrent eux-mêmes cet infâme stratagème. Lorsque M. Prieur l'apprit, il se crut perdu à brève échéance. Il n'en continua pas moins sa tactique en s'abandonnant à la volonté de Dieu. Quand on l'avertissait de la venue des bleus, il courait avec hâte vers le bois voisin ; quelquefois il se glissait dans un champ de blé ou d'avoine. Les limiers prirent ou semblèrent prendre sa trace ; mais, toujours, soit par instinct naturel, soit par la volonté de Dieu, ils sautèrent par dessus son corps sans aucune hésitation et sans ces aboiements tenaces qui auraient attiré l'attention. Les lièvres et autres gibiers, continuèrent d'avoir leur préférence.

XII

A Treillebois (1)

Aux jours les plus périlleux de la Révolution, l'abbé Prieur tomba malade chez le père Delaunay, cultivateur à Treillebois. Convaincu que c'était la fin et ne voulant pas compromettre les braves gens qui s'exposaient pour lui, il leur demanda avec insistance de le transporter au milieu d'un champ et de l'abandonner à son triste sort. La famille Delaunay se récria tout entière. Le bon abbé, toujours charitable, leur fit les observations les plus désintéressées : « Vous courez, leur dit-il, aux pires désagréments. Qu'une patrouille se présente et vous êtes perdus ! Vous ne pouvez me cacher impunément ; je tousse trop, je me vendrai moi-même ! Qu'importe le peu de jours qui me restent à vivre ! » Nos généreux fermiers ne voulurent pas se laisser convaincre. Ils gardèrent leur hôte et en lui prodiguant les meilleurs soins, ils rétablirent sa santé. Peu après, il baptisa dans leur grange, avec plusieurs autres enfants, Marie Polet, de Berjou, qui est devenue la femme de Lecoq, de la Martinée ; elle avait près de six ans, étant née en 1794. D'autres reçurent le même bienfait dans le jardin, entre deux planches de pois de mai.

XIII

Aux Champs

M. Prieur se cachait aussi, assez souvent, dans la ferme des Champs. Un des fils Lebon, que j'ai connu aux Bourbes de la Lande, s'est glorifié devant moi, il y a près de cinquante ans, de s'être exposé à de rudes avanies pour lui servir de guide. « Un soir, ajouta-t-il, une patrouille vint nous surprendre et demanda à visiter tous les appartements. Lebon s'y prêta avec une bonne

(1) Les actes anciens disent : Treille-sous-bois.

grâce apparente. L'abbé était blotti dans un coin du fenil, sous des bottes de foin. Faisant l'empressé, Lebon choisit ce côté et, en se remuant avec zèle, il découvrit et couvrit le pauvre proscrit plusieurs fois de suite. Enfin, faisant semblant d'avoir tout visité, il se redressa essoufflé, en disant : « Allons nous-en, il n'y a rien là ». Les gens de la patrouille l'écoutèrent et M. Prieur fut laissé sous les bottes de foin.

Ces alertes inspirèrent la prudence. Désormais, l'on conduisit l'abbé dans la grange des Cadronis que l'on voit encore à l'entrée de la Cour, les Lemoine eurent le soin de lui porter les messages nécessaires et la nourriture convenable.

XIV

A la Fressengère

Au fond de cette solitude, qui donna son nom à l'un des fiefs d'Athis, on voit encore un groupe considérable de vieux bâtiments et le moulin banal de l'ancienne Seigneurie. Aux mauvais jours, le moulin était conduit par le père Jenvrin. Sa femme était une mère de famille accomplie, une femme énergique et une bonne chrétienne. Les prêtres reçurent chez elle l'asile et la nourriture dont ils avaient besoin. La cachette était derrière l'armoire, que l'épaisseur d'un bahut, toujours existant (1), avait permis d'avancer suffisamment. L'abbé Prieur, n'étant pas gros, s'y glissa assez souvent. Quand le danger paraissait moins grand, on le faisait sortir pour prendre du repos ou son repas. En la circonstance, les enfants étaient postés dans un endroit choisi et ils avaient l'ordre, lorsqu'ils apercevaient quelqu'un, de dire en chantant : « V'là le Monsieur, v'là le Monsieur, v'là Madame, v'là Madame ! ». Et l'abbé Prieur s'empressait de regagner sa prison volontaire.

(1) Chez Jenvrin de la Bunodière.

Les patriotes en eurent vent, et pour punir cette excellente famille, ils organisèrent des perquisitions. A l'une d'elles, le meunier était absent, mais en revanche les bleus eurent à parler à une femme de grand caractère. « Où est ton mari ? lui cria-t-on avec menaces. — Il est à ses affaires, répondit-elle froidement. — Tu diras où il est, continue-t-on. — Non, je n'en ferai rien, ajouta-t-elle sans défaillance, cela ne vous regarde pas. — Alors, on va te fusiller. — Comme vous l'entendrez. » Et comme ils se mettaient en devoir de l'entraîner, elle court au berceau où était son jeune fils. Ce fils avait sept mois, et, en les regardant bien en face, elle dit : « Citoyens, si vous avez du cœur, vous en tuerez deux. » Les barbares la conduisirent au-delà du chemin de la Métairie, dans le grand champ de l'Aunay-Derne (1) : « Place-toi là, lui dit alors le chef avec une brutalité marquée. » En même temps, il rangeait ses hommes en demi-cercle. La mère Jenvrin, croyant que c'était bien fini, murmura sa prière et leva les yeux au Ciel. « Dis-nous, lui répétèrent-ils une dernière fois, où est ton mari. — Cela ne vous regarde pas, clama la pauvre femme avec énergie. — Mets-toi à genoux alors, et demande-nous pardon. — Vous demander pardon, riposta-t-elle, je n'en ai pas à vous demander ; me mettre à genoux, je ne le fais que pour Dieu, n'y comptez pas. »

La bande et son chef finirent par se déconcerter devant cette crânerie ; la brave chrétienne ne fut pas fusillée.

Tout près de là, au village de la Corbelière, la famille de Jacques Lebon, dont nous avons raconté l'assassinat, se montrait également dévouée. Comme une grande partie du village lui appartenait, la bonne œuvre était relativement facile. Les logements étaient nombreux, et l'on ne redoutait pas de trahison. Le prêtre persécuté

(1) Aunay-Derne (dernier), car déjà Athis possédait les Aunay-Bilbots et les Aunay-Furet.

recevait asile, tantôt dans un coin, tantôt dans un autre. Il agissait de la même manière quand il disait la messe. Plusieurs fois, il la célébra dans le cabinet voisin de la grande chambre des filles Besnard, sur un coffre qui est maintenant la propriété de Julie Lebon de la Quentinière. En d'autres circonstances, il se refugiait au fond d'une petite grange, non loin de la maison Planchon. C'est là que fut béni le mariage du grand Collin des Monts, en Aubusson, et baptisée Marie Guibé, du village aux Collins.

XV

A la Métairie

La grande ferme de la Métairie (1) où est présentement Prudent Bréard était tenue, il y a cent ans, par la famille Huet alliée plus tard aux Lemoine. A cause des aventures de toute sorte qui se reproduisaient ici et là, les Huet barricadaient ordinairement leurs portes et ne les ouvraient qu'à bon escient. Un soir, quelqu'un vint frapper avec instance. On fit des difficultés tout d'abord, et on les aurait continuées si on n'avait reconnu la voix du voisin. Quand la porte fut ouverte, une bande entière s'engouffra dans la maison. Elle fut littéralement mise au pillage. C'était sans doute le but principal de l'expédition. Les greniers furent mal fouillés. Un prêtre y était blotti, il ne fut pas découvert. Mais ce jour-la, Louis Huet se vit enlever deux génisses et tout son argent. Sa femme en eut une forte émotion et faillit mourir.

On n'en continua pas moins de recevoir les proscrits et de leur donner protection. La ferme de la Métairie resta une station et un lieu de refuge.

(1) Cette ferme appartenait alors à un M. Richomme, procureur à Falaise. C'est lui qui l'a vendue à un M. Hardy Lafosse. Les Huet ont tenu cette terre jusqu'en 1826 ; après eux, les Martin jusqu'en 1843, et depuis la famille Bréard.

Louis Huet, devenu plus circonspect à la suite des derniers événements, sut éloigner de sa personne toute espèce de soupçons. Il eut même l'habileté de se poser en victime. A tout propos, il racontait comment on l'avait dépouillé et il redisait avec émotion chacune des péripéties de la maladie de sa femme. Pour le récompenser, les électeurs en firent un membre de la municipalité. De son côté, Dieu a honoré sa descendance de plusieurs vocations religieuses. Deux de ses sœurs sont entrées à la Providence de Séez. Son arrière-petite-fille est supérieure de la Communauté de Longny et son arrière-petit-fils, vicaire à la Ferté-Macé.

XVI

La Blanchardière

La Blanchardière de 1793 n'était nullement constituée comme elle l'est de nos jours. On y abordait par un chemin qui, débouchant entre la Bunelière et la Tantinée, descendait au moulin du Buat, par de véritables précipices. Les maisons bâties depuis sur la route n'existaient pas. La ferme de Mademoiselle Pringault comprenait à peu près tous les entours. C'est vers ce temps que le grand-père de M. Hamon Ulysse en devint le propriétaire. Ce qui a été morcelé entre les cinq enfants formait un seul tenant. La maison demeurable était celle dont le père Bernet a fait son cellier. C'est là, nous l'avons dit, que M. Prieur établit une de ses résidences temporaires. Il y arrivait à toute heure, se couchait sans façon à côté du jeune Hamon, mangeait et buvait selon ses besoins.

La messe était célébrée un peu plus loin. La cave en pisé qui est au-delà de la demeure du fermier fut le sanctuaire ordinaire de cette contrée. Catherine Delozier du Buat y fut baptisée en 1798 ; le père de M. Ulysse en 1795, et beaucoup d'autres.

Comme à la Heuzelière, M. Prieur, en prenant ses

précautions, pouvait circuler à travers champs et se reposer de ses nuits passées au fond des souterrains, ou bien en courses près des malades. Un jour, comme il se tenait tranquillement au milieu des moissonneurs faisant la collation, une troupe de gens armés vint à passer à l'extrémité de la pièce. L'occasion de se rafraîchir était bonne. La troupe franchit le fossé et se dirigea vers le groupe des ouvriers en repos. L'abbé Prieur fut un instant dans l'embarras. Le patron vint à son secours. Lui lançant le baril, il lui commanda bien haut d'aller chercher à boire. L'abbé ne se fit pas prier, et partit vivement. La direction était opposée à celle des importuns visiteurs. Le cidre ne manqua pas, mais fut apporté par une autre main. François Hamon, qui était un des hommes importants de la commune, s'en plaignit le premier. La servante répondit qu'elle l'avait envoyé aux vaches et l'incident fut terminé.

M. Prieur eut la consolation de voir l'aurore de la paix qui allait être rendue à l'Eglise. Il avait consolé bien des mourants, réconcilié beaucoup de pécheurs, béni beaucoup de mariages, baptisé une quantité considérable d'enfants. Le bon abbé en était heureux. Sa joie fut plus grande lorsqu'il lui fut donné, muni de pouvoirs spéciaux, de rentrer dans la vieille église d'Athis et de la purifier par les bénédictions divines et les prières liturgiques de toutes les profanations dont elle avait été l'objet. Dès le jour de Noël 1799, un mois et demi après le coup d'Etat du 18 brumaire, et trois jours avant le décret des consuls favorable à la religion, il y chanta la messe solennelle. Son cœur déborda d'émotion. La pieuse assistance, aussi émue que le célébrant, unit sa vive reconnaissance à celle de l'apôtre qui, sans compter, s'était dépensé pour elle.

Fortifié par cet accueil favorable, M. Prieur commença à exercer presque ouvertement les fonctions du ministère. Ainsi, il ne se contenta plus de délivrer ses actes de baptême sur des feuilles volantes, il ouvrit un registre de catholicité qui existait encore dans les archives de la fabrique en 1890 (1).

L'année 1800 fut une année pénible. En plusieurs régions, on continua de persécuter les prêtres (2) La loi contre les déportés, qui atteignait M. Prieur, n'avait pas été abrogée.

Nos jacobins relevaient la tête à toutes les occasions favorables et ne manquaient pas de lui adresser des menaces. Le saint prêtre y fit peu d'attention et circula dans la paroisse comme si rien n'était.

Le 22 janvier 1801, les vicaires capitulaires de Bayeux, réunis en conseil, nommèrent M. Prieur desservant d'Athis, au doyenné de Condé, et le lendemain ils arrêtèrent que le curé d'Athis (M. Prieur) célébrerait les mariages de ses paroissiens seulement.

Précédemment les pouvoirs de M. Prieur s'étendaient à toute la contrée. L'avènement de Bonaparte à la tête du gouvernement et l'apaisement général qui se faisait dans les esprits, permirent aux Evêques de réorganiser quelque peu l'administration diocésaine et paroissiale.

M. Josset, le titulaire canonique de la cure d'Athis, ne pouvait et n'osait rentrer en France : il était atteint par les lois contre les émigrés. Il fallait donc désigner un desservant pendant son absence. C'est ce que firent les vicaires capitulaires.

La situation de la paroisse de Sainte-Honorine n'était pas la même. M. Houvet-Huberdière avait succombé aux privations de l'exil. La cure était donc vacante. A l'évêché de Bayeux, on n'osa toutefois procéder franchement à la

---

(1) M. l'abbé Chesnel, vicaire de Ste-Honorine, a relevé sur ce registre les actes de baptêmes faits par M. J. Prieur du 1ᵉʳ décembre 1799 au 10 septembre 1801. Les enfants de Ste-Honorine ainsi baptisés sont relativement nombreux.

(2) Voir dans le *Correspondant* d'Avril 1900, une intéressante étude de M. l'abbé Sicard, sur ce sujet.

nomination d'un nouveau Curé. M. l'abbé Durand y fut envoyé. La rédaction de ses registres commença en septembre 1801. Il inscrivit de nombreuses réhabilitations de mariages et de légitimations d'enfants, mais il ne signa ni curé, ni desservant de Sainte-Honorine, mais Durand, prêtre.

Aussi bien que M. Durand, l'abbé Prieur eut à réhabiliter de nombreux mariages. Son ministère fut écrasant et assez délicat.

A la fin de la Révolution les fusils partaient encore tout seuls. Quelques seigneurs des temps reculés avaient été accusés d'avoir été durs pour les petits et d'avoir abusé de la vie humaine. Les paysans de 1800 prenaient cruellement leur revanche et tuaient sans pitié et sans jugement des hommes qu'ils ne connaissaient même pas.

Un soir d'automne, une troupe de révolutionnaires montait le grand chemin de Condé à Briouze. En arrivant à la Guillotière, auprès des gros châtaigniers qui bordent toujours le plant, elle aperçut un vieillard assis au soleil sur le perron de sa porte. C'était le bon M. de la Lande, l'un des propriétaires de cette terre. Il était resté paisiblement dans son petit manoir, avait vécu en accord parfait avec le fermier, le patriote Hébert et n'avait fait de mal à personne.

Un des soldats se mit à l'ajuster par mode de plaisanterie et dit à son camarade : Veux-tu parier que je vais descendre ce débris d'aristocrate? Le pari fut tenu, le coup partit et M. de la Lande roula sur le sol. Le Maire d'Athis, Jean Vardon, qui habitait tout près, fit les constatations; mais il n'y eut ni enquête, ni poursuites. Les bons ne pouvaient encore relever la tête que bien timidement et avec de grandes précautions (1).

En l'an IX, la municipalité d'Athis était en majorité

(1) Récit de P. Halbout, fermier à la Guillotière pendant 80 ans, par lui et son père.

composée d'hommes calmes et réfléchis. Dans une première réunion, elle prit des résolutions et forma des projets pour le rétablissement de l'ordre et le bien de la commune. Le procès-verbal en contint une partie, les autres ne furent pas consignées sur le papier. C'était le 15 Pluviôse (4 Février 1801), quelques jours après la nomination de M. Prieur. Un des membres présents, Nicolas Groussard (1) fut scandalisé de leur attitude et, croyant apercevoir une tendance antirévolutionnaire dans les sentiments de la majorité ; au lieu d'approuver leur délibéré, il écrivit :

« Je signe sous mes observations : 1º qu'il s'est pré-
« senté un citoyen *connut* instituteur. On ne l'a pas *reçut*
« parce qu'il voulait se conformer aux lois de la Répu-
« blique ; 2º que je consens pas qu'on sonne la messe
« d'un *praitre* non assermenté. Je désire ne faire *rian*
« que ce que veut la République française. Signé :
« N. Groussard, membre. »

Cette protestation, connue quelques jours plus tard, fit impression dans la commune et occasionna un grand mécontentement.

Relevant le gant, la majorité se réunit sous la présidence de Fr. Levée (2). Elle répondit « qu'au contraire de
« refuser un instituteur probre et capable d'enseigner la
« jeunesse et de se soumettre aux lois, elle invoque tout
« citoyen capable de ces fonctions de se présenter devant
« elle et qu'après les formalités prescrites par la loi
« observée, elle est toute prête de le recevoir en ces
« fonctions. »

Quant au son des cloches, le Conseil déclare « qu'il
« n'est pas de sa compétence et qu'il n'en a fait aucune

(1) Groussard était du Meslier. Il y avait établi une teinture. Ses petits-neveux, Ozouf et Buffard, l'ont continuée et développée avec profit.

(2) F. Levée était du Hamel des Boots. Son fils est devenu officier, son petit-fils a fait une partie de ses études au lycée de Caen. La fille de ce dernier est religieuse de la Providence et son petit-fils est élève au Petit Séminaire de Séez.

« mention dans le procès-verbal ci à côté, et que par
« conséquent le dit Nicolas Groussard a bien tort de
« placer des observations au pied de la dite délibération,
« lesquelles demeurent vagues et contre toute vérité. En
« conséquence, à l'unanimité le Conseil demande que ce
« membre soit *rayé* du Conseil comme *turbateur* et
« troublant les opérations du Conseil. En effet, il ne s'est
« pas contenté des dites observations, ajoute le délibéré,
« il nous a menacés de la force armée comme contre-
« révolutionnaires. »

Le 28 Pluviôse, on décida de procéder à la location
de la grange presbytérale et des bâtiments du ci-devant
presbytère. La grange fut adjugée à F. Marquet, le
23 Ventôse, à la charge des réparations, mais on lui
accorda quinze années de jouissance (1).

Le 30 Ventôse, an X, à la requête du préfet et
d'après des instructions qui remontaient à Nivôse, an IX,
Guillaume Desjardins fut nommé instituteur par le
Conseil ; son civisme et sa capacité furent reconnus.

Le seigneur d'Athis voulut profiter, lui aussi, de
l'accalmie qui s'était produite. Très épuisé de santé et las
de solitude, il pria la municipalité d'Athis de faire rayer
Mme de Saint-Germain de la liste des émigrés. La faveur
fut accordée le 10 Frimaire IX (30 novembre 1800). Pierre
de Saint-Germain mourut peu après, le 23 avril 1803.
C'était notre dernier seigneur du nom de Saint-Germain.
Par son mariage avec Gillette de Renneville, Jean-Paul
de Saint-Germain était devenu seigneur et patron d'Athis,
en 1618. Près de deux cents ans plus tard, Jean-François-
René de Saint-Germain, capitaine, qui mourut célibataire,
le 11 août 1782, eut pour héritier, son frère, Pierre-
André, également capitaine. (2) Celui-ci avait eu, le 5 octobre
1780, de son mariage avec Eulalie-Perpétue-Félicité de

---

(1) Plus tard le riche Hamon acheta la dite grange et ses dépendances.

(2) L'intéressante plaque de cheminée du château d'Athis est à la
Lysandrée. Nous en parlerons ailleurs.

la Lande, une fille qui fut baptisée à Entremonts. Elle fut nommée Désirée-Suzanne Colette, par Nicolas du Rozel, seigneur de Beaumanoir, alors capitaine de vaisseau et chevalier de Saint-Louis, représenté par Maître Pierre Buffard, curé du lieu, et par noble dame Suzanne-Marie-Françoise du Rozel, dame de Saint-Pierre d'Entremonts.

Garde du corps en 1767, Pierre de Saint-Germain avait été parrain de la seconde cloche d'Athis et son frère, Jean-François, de la première, avec Marguerite Le Maistre, leur mère. (1) Où Pierre de Saint-Germain avait-il résidé en Saint-Pierre avant de revenir à Athis ?

Le château d'Entremonts, où l'on peut visiter de vastes et belles salles, appartint, au xviiiᵉ siècle, aux Blesbois de Meslay, et ensuite aux de Banville et aux du But. Il n'est donc pas probable que M. de Saint-Germain l'ait jamais habité.

Aurait-il reçu l'hospitalité au château de Beaumanoir, célèbre par son propriétaire, le général du Rozel de Beaumanoir, gouverneur de Corse, protecteur de Napoléon Iᵉʳ, dont il paya la pension à Brienne pendant deux ans, et grand défenseur de la monarchie? L'acte de baptême dont nous avons parlé pourrait le faire supposer ; mais Beaumanoir, qui a été détruit pendant la Révolution et dont le domaine de 120.000 livres de rentes a été aliéné pour la valeur de trois bœufs, était situé près de Montilly, là où l'on voit peut-être la filature du même nom. M. de Saint-Germain eut aux environs une habitation que nous ne connaissons pas.

Le 22 Prairial, an IX, la perception des impôts fut adjugée à F. Marquet, cautionné par Jean Vardon et Jean Huet.

Le deuxième jour des complémentaires, an IX, Desjardins, lieutenant réformé du 105ᵉ, fait promesse de soumission. Il résidait en la commune depuis *plusieurs*

---

(1) Les Le Maistre n'étaient pas nobles. Ils ont possédé pendant quelque temps le petit fief de la Salletière (J. Appert).

mois, en qualité de maître d'école. Son séjour ne s'y prolongea pas longtemps. Dans les comptes de la commune, il n'y eut, pour l'instituteur, ni logement, ni indemnités, ni honoraires pendant les années IX, X et XI.

Le 1er Vendémiaire X, la garde nationale fêta l'établissement de la République avec procession à l'arbre de la liberté, chansons patriotiques, discours de Vardon, maire, coups de fusils et divertissements toute la journée. On cria beaucoup : « Vive la République! » L'Empire était si près!

La famille de M. l'abbé Prieur et ceux qui lui sont restés attachés par un pieux souvenir ont toujours affirmé qu'à cause de sa santé, il n'avait jamais accepté de remplir une fonction de ministère actif. Son nom ne figure pas sur nos registres paroissiaux.

Les privations et les fatigues d'un apostolat qui dura de 1791 à 1801 achevèrent de compromettre sa santé. Il mourut, dit son acte mortuaire, au hameau de la Craimière, le 23 Vendémiaire, an X (15 octobre 1801), en sa maison (1), à deux heures du soir. Il est inscrit natif (2) et domicilié de cette commune et âgé de 56 ans. Jean Vardon, maire, rédigea son acte de décès. Il mourait entouré de la vénération et de la gratitude des bons chrétiens.

Sa dépouille mortelle fut déposée dans cette partie du vieux cimetière où l'on a tracé, depuis, la route d'Athis à Pont-d'Ouilly. Sa mémoire est bénie. Après un siècle écoulé, il m'est arrivé souvent d'évoquer son souvenir. Partout l'on m'a donné sur son compte la note la plus élogieuse. Il n'est pas une famille chrétienne qui ne lui ait offert l'hospitalité et n'ait transmis à sa descendance des détails édifiants, des faits marqués au coin d'un dévouement apostolique le plus pur. Le sentiment général va

---

(1) Quoique desservant d'Athis, M. Prieur n'habitait pas le presbytère.

(2) Nous n'avons pu retrouver son nom sur le registre de baptême. On ne l'a pas découvert davantage à Saint-Germain, mais là les registres ont des lacunes considérables.

plus loin. Il ne se contente pas d'affirmer que M. Prieur
fut un bon prêtre, il le classe au nombre des saints, il fait
encore mieux, il en expose les motifs : à ses yeux,
M. Prieur pratiqua toutes les vertus. La malignité de ses
ennemis n'a jamais pu le prendre en défaut, et son corps
a été retrouvé intact. Lorsque le fossoyeur fut à même de
constater ce fait pour la première fois, son trouble fut
extrême. Il appela les voisins et, après en avoir délibéré
avec eux, il se rendit au presbytère. M. Josset écouta
froidement l'émouvant récit. Après une assez longue
réflexion, il répondit qu'il fallait remplir la fosse et gar-
der, sur ce fait, le plus entier silence. Motivant sa détermination, il affirma que la commune n'était nullement en
mesure de poursuivre un procès de canonisation et que
les frais nécessaires la ruineraient pour longtemps. (1)

Une seconde fois, vers 1830, le corps de M. Prieur,
mis à découvert, n'était pas plus endommagé que précédemment. On le traita de la même manière, après un
débat plus long. Il fut même question de lui ériger une
chapelle. Le pasteur ne dut pas devoir changer d'avis en
présence de cette nouvelle manifestation. Enfin, en 1843,
les terrassiers qui déblayèrent le vieux cimetière pour y
tracer la route de Flers, n'eurent pas un spectacle diffé-
rent. Le corps de l'apôtre d'Athis était toujours conservé
et l'étole qu'on lui avait passée au cou demeurait entière.
L'événement fit un certain bruit. Les anciens racontèrent
ce qu'ils savaient ; le vieux sacristain y ajouta son témoignage. Plusieurs coururent au presbytère afin de prévenir
M. le Curé et ses vicaires. Pendant les allées et venues,
une pauvre jeune fille de la Rébrie, de passage au bourg,
regarda l'étole avec envie, la saisit violemment et s'échappa
en croyant emporter un trésor. Sur ces entrefaites, ceux
qui s'étaient rendus auprès des prêtres de la paroisse
reparurent au milieu des ouvriers et leur dirent de trans-

(1) M. Josset ne faisait en cela que traduire le sentiment public.

porter le corps au nouveau cimetière. Connaissant la manière de faire de M. Josset, les nouveaux administrateurs n'eurent aucune hésitation. Ils savaient du reste que les dépenses nécessaires à une canonisation sont inabordables au commun des mortels. Quelques heures plus tard, les restes de M. Prieur furent déposés dans la fosse commune, et l'on fit sur l'événement un profond silence. Nous attendons, pour les retrouver, l'heure de la Providence.

CHAPITRE XIII

Après la Révolution

Après la Révolution, M. Josset fut contraint de prolonger son séjour à Jersey pendant quelque temps encore. La persécution sanglante était finie, mais les lois contre les émigrés restaient. (1) Napoléon comptait s'en servir pour les besoins de sa politique. Il ne se montrait nullement favorable à ceux qui avaient délaissé leur patrie. Plus volontiers, il accordait ses bonnes grâces aux assermentés, quand ils ne s'étaient pas trop compromis. C'est ainsi que M. Blancbisson devint curé de Domfront. Le Concordat, dont les articles avaient été arrêtés le 18 juillet 1801, fut promulgué le jour de Pâques 1802, après de fâcheux désaccords et de très pénibles négociations. En vertu de ce traité, nous n'appartenions plus au diocèse de Bayeux. Mgr Chévigné de Boischollet, devenu notre évêque, arriva à Séez le 16 mai 1802. M. Josset dut donc attendre des ordres et de nouveaux pouvoirs. Le premier

(1) Les déportés et les émigrés étaient traités très différemment. Dès les premiers jours de l'avènement de Bonaparte, les déportés furent rappelés. Un émigré aurait été fusillé. Or, les évêques et les prêtres étaient considérés comme émigrés.

acte que nous ayons vu signé de sa main, sur les registres de Sainte-Honorine, et non sur ceux d'Athis, qui sont absents, est du 13 septembre 1802. M. Houël, son ancien vicaire, était rentré avec lui.

De leur côté, les vieux jacobins, tous ceux qui avaient trempé dans l'impiété révolutionnaire, s'agitaient désespérément et cherchaient à contrecarrer, à Athis comme ailleurs, les desseins pacifiques des bons catholiques.

A la fin de 1801, et au début de l'année 1802, la paroisse d'Athis fut probablement administrée par M. l'abbé Durand, desservant de Sainte-Honorine. La municipalité ne lui fut pas hostile. Pour lui faciliter la besogne, le 19 ventôse, an X, elle nomma Ch. Letimonnier à la fonction de maître d'école qu'il exerçait déjà depuis cinq années, et le 10 messidor, an X, le Conseil délivra un certificat en faveur de M. Desjardins, qui avait servi au régiment pendant neuf années, depuis le 15 septembre 1792.

Le 14 Thermidor, après le suffrage où 3.568.085 citoyens votèrent pour Napoléon consul à vie, les municipaux enregistrèrent le *Senatus consulte* relatif à cet événement et, avec toute la France, approuvèrent le dessein d'ériger au grand général une statue d'argent, et de lui adresser de chaleureux compliments. Le 20 vendémiaire, le comité de bienfaisance du canton, présidé par M. Petit, juge de paix, (1) élut Lebailly, Meslier, Husnot, médecin, Constantin de la Boderie (2) et Pierre-David Sébire (3).

Malgré le Concordat, malgré la présence de Mgr de Boischollet, le clergé de Domfront était traité en suspect

(1) M. Petit avait été curé de Rouvrou, et sans doute religieux bénédictin. Il accepta les idées nouvelles, se maria et obtint la place de juge de paix du canton d'Athis, après la mort de Daniel Lebon. Il se fit acquéreur d'une partie des biens du petit bénéfice. Il les a laissés après lui à la famille Lecomte, qui les possède encore.

(2) La famille de la Boderie ne s'est éteinte que vers 1830. M. Bazin de la Poterie acheta leurs propriétés.

(3) Le 18 floréal, an X, Jacques Lemancel, avait été nommé adjoint à la place de Lefèvre, de la Queneslière, décédé.

par le Gouvernement. Cette hostilité était déjà sensible
en l'an VIII. La correspondance de Fouché avec le préfet
de l'Orne, plus équitable et plus humain que le ministre,
en est une preuve incontestable, nous écrit M. l'archiviste
Duval.

En l'an X, la défiance n'était pas encore calmée, surtout quand il s'agissait de nommer des titulaires aux
cures importantes. M. Josset ne fut accepté par le Gouvernement que le 3 frimaire. En conséquence, après un
voyage à Alençon, il se présenta à la maison commune
d'Athis et le maire inscrivit :

« Le 24 mars 1803, s'est présenté devant nous, Jean
« Vardon, maire de la commune d'Athis, le citoyen
« Claude Josset, prêtre, qui nous a présenté un acte de
« nomination à la cure d'Athis par Mgr l'Evêque de
« l'Orne, en date du 9 frimaire dernier, signé par le
« premier consul le dix, comme curé de 2ᵉ classe, suivant
« la lettre du Conseil d'Etat des Cultes en date du 3 fri-
« maire dernier, et une copie du serment qu'il a prêté
« dans l'église de Notre-Dame d'Alençon, devant le préfet
« du département de l'Orne, en présence du peuple et
« des autorités civiles et militaires, le 15 ventôse, aussi
« dernier ; lequel, en vertu des pièces cy-dessus, nous a
« demandé acte de la présentation des dites pièces qu'il
« nous a présentées, le dit jour, et nous a demandé acte,
« lecture prise des dites pièces.

« Considérant qu'elles sont en forme aux termes de la
« loi, nous lui avons remis ce jourd'hui les clefs deman-
« dées, ainsi que celle du presbytère en l'état où il se
« trouve actuellement, sauf à lui de le faire réparer aux
« termes de la loi, ainsi que l'ancien jardin à herbes
« dont il reste mis en possession et nous lui avons laissé
« les ornements nécessaires et convenables pour faire
« ses fonctions, trouvés à la sacristie, qu'il laissera après
« son décès, sans en avoir dressé procès-verbal distinctif.

Jean VARDON. »

Le 15 Avril, le Conseil résolut de réparer le presbytère.

Le 30 Mai, il donna 200 l. de supplément de traitement au Curé, et 400 l. pour les Vicaires.

Le même jour, trois membres furent nommés pour déterminer les réparations nécessaires au presbytère. Le même jour, le travail fut estimé 3.800 l.

Le 21 Janvier 1804, M. le Curé fit abandon de 1650 l. que l'on destina aux ponts de Planquivon et Grad. (1)

Le 19 Février 1805, il y eut une longue délibération pour réparations des chemins.

Le 5 Thermidor XIII, la municipalité vota de nouveau la réparation du presbytère et de l'église et en plus 400 l. pour fournir un cheval à M. le Curé et Vicaire, et 100 l. demandées par l'Evêque à M. le Vicaire, ce que M. le Curé présent a accepté avec reconnaissance.

Dans la circonstance, le Conseil avouait qu'il était impossible de desservir la paroisse sans le secours d'un cheval. Fr. Bohard était redevenu conseiller.

Le 1er Février 1806, Jean Vardon, maire démissionnaire, installa Pierre Chauvin-Taillis à sa place et lui fit prêter serment. (2)

Le 9 Février 1806, 60 l. furent votées pour le logement du maître d'école, mais, ajoute le texte, « ces 60 l. seront

(1) On écrivait alors pont Grard et Grad.

(2) Pierre Nicolas Chauvin-Taillis, qui avait été le secrétaire des assemblées de 1788, était l'ami de M. de St-Germain et de M. Josset. C'est lui qui rendit de si bons services à M. Prieur. Il mourut en 1824, à l'âge de 77 ans ; après avoir été maire d'Athis pendant dix-huit ans.

Liste des plus hauts imposés de la commune d'Athis, le 30 Août 1804 :

Blin Louis Letaillis, ancien maire ; Nicolas Huscenot, médecin ; Madelaine Jean ; Madelaine Mathieu ; Madelaine Louis, du Rocher-Nantreuil, ancien maire ; Nicolas des Brocardières ; le père de Pierre le conseiller (celui qui fut marié et mourut en 1824, à l'âge de 67 ans, et de Jean le vieux garçon, mort en 1832, à 73 ans) ; Brisset David ; Lebon Fr. ; Vardon Math. ; Hamon Fr. ; Dumesnil Jacques ; Durocher Daniel ; Barbé Pierre ; L. Delozier (Jouan.) ; Fauvel J.-Fr. ; Guillain Casimir ; Huscenot Jacques et Anselme ; Leconte Jacques ; Dumesnil Pierre ; Retout Guil. ; Longuet Louis ; Groussard Pierre ; Martin Jacques ; Lemarchand Guill. ; Lebon Jean ; Lebon André ; Leconte Jean. — Il y eut cette même année un projet de cimetière au champ des Terriers.

reversibles à la commune à défaut de maître d'école pendant l'année.

Vendel de Cahan était alors percepteur. A la même époque, on acquit le petit presbytère avec des sommes avancées par des particuliers.

A la rentrée de M. Josset, la population lui fit un accueil enthousiaste. On ne se contentait pas de le saluer au passage, presque tous voulaient le visiter en son presbytère. La mère Roger, du Poirier, suivit le mouvement général et eut un succès que l'on redit encore dans la paroisse.

En arrivant au presbytère, Marie fit modestement sa courbette et salua « M. le Curé et sa compagnie ». Dix années avaient notablement changé le svelte jeune homme d'autrefois. Sa carrure était devenue respectable. La visiteuse en fut frappée et sans réfléchir, elle dit : « Ah ! M. le Curé, comme vous êtes devenu grossier ! » Le rire des personnes présentes lui ayant fait comprendre sa bévue, elle s'empressa d'ajouter comme correctif : « Grossier de corps, mais léger d'esprit ! » — « Très bien réparé, mère Roger, reprit M. Josset le sourire aux lèvres ; mais vous, au moins, vous n'avez pas changé, ni même perdu une dent. » — « Ah ! pardon, dit alors Marie, je n'en ai plus dans le... » — « Cela ne m'étonne pas, mère Roger, continua M. Josset sur le même ton plaisant, je n'en ai pas là non plus », et Marie fut congédiée sur ce propos.

En 1806, Mgr de Boischollet fit installer le Curé d'Athis par l'intermédiaire de Charles Brémenson, Curé de Cahan, son délégué ; il avait été agréé par le gouvernement avec une pension de 1000 francs.

M. Josset n'avait pas attendu cette solennité pour s'occuper de ses paroissiens. Dès les premiers jours, il s'était mis résolument à la besogne. On sait encore qu'il montait en chaire tous les dimanches de Carême, d'Avent et aux grandes fêtes. Ceux qui avaient fortement trempé **dans les folies de la Révolution, restèrent presque tous** impies. Mon Vieux, Curé de Joué-du-Bois, les avait de même jugés inabordables. Ces hommes paraissaient souillés d'un péché irrémissible.

Le Curé savait les mettre à leur place. Pour se défendre, les fidèles avaient aussi parfois des réponses très heureuses. Un jour de dimanche, le garde-champêtre rencontrant Marie Lemoine qui allait aux Vêpres, trouva plaisant de lui rire au nez et de lui dire : « Ah ! comme tu es dévote ! » — « Chacun son tour, répondit la brave chrétienne, mais toi, tu m'étonnes avec tes réflexions. Il y a peu de temps, tu nous forçais d'aller aux offices, et maintenant que nous sommes libres, tu n'y viens plus et tu veux te moquer de moi. Va donc ! Va donc ! » Et elle le fit rougir.

M. Josset retrouva son église dans un état de dénuement extrême. Il fit restaurer les autels, confectionner des tabernacles et repeindre le tout. Ce qui le préoccupa davantage fut le côté religieux. Depuis dix ans, une grande partie de la jeunesse n'avait reçu aucune instruction. Personne n'avait remplacé d'une manière régulière le chapelain Decrouan qui tenait les classes, rue de la Carneille, et personne n'avait catéchisé les enfants. Ceux qui avaient fait leur première communion dans quelque grange isolée étaient de rares privilégiés. Jusqu'en 1828, Athis n'eut qu'un vicaire, et même pendant des mois et des années, M. le Curé fut dans l'obligation d'administrer seul sa vaste paroisse. Il n'était donc pas en mesure d'ouvrir une école. De son côté, l'Etat ne s'en préoccupait que d'une manière théorique. Pendant longtemps, on fit des lois et on lança des décrets. Sous la première République, il fut décidé que les presbytères seraient convertis en écoles ; sous l'Empire, on établit l'Université pour les études secondaires, mais les écoles primaires allaient toujours cahin-caha. Après une enquête canonique, le grand-vicaire Legallois, qui affectionnait ce pays d'une manière toute particulière, (1) écrivit en 1805 sur Athis :

« Tous les catholiques revenus à la vraie foi, à l'exception de dix ou douze qui sont sans espérance. » (2) Le même jour, il ajouta : « Population, 3700 ; 120 hameaux, deux maîtres d'école, gens paisibles, intéressés. »

Les maîtres d'école étaient indépendants et par là même peu stables. Il avait été difficile aux municipalités, même à celles qui avaient bonne volonté, en particulier celle d'Athis, d'organiser convenablement les écoles primaires. Quand elles avaient un bon maître, comme le fut Hébert, au commencement de la Révolution, l'Administration donnait l'ordre de le destituer. Il fallait en chercher un autre, et, presque toujours, ce maître d'occasion ne satisfaisait personne. Ainsi firent Desjardins, Letimonnier, Bernier de Mesnil-Hubert, Jacques Bonaventure, Jacques Clément de Falaise, Jacques Aunay et plusieurs autres dont les noms ne figurent que peu de mois sur nos registres.

Le premier maître que connut M. Josset à son retour fut Jacques Aunay. En 1806, il avait 25 ans. Peu de temps après, il n'était plus là. La stabilité vint avec M. Fouques, le frère du célèbre instituteur de la Ferrière-aux-Etangs, l'oncle des deux abbés Fouques et le grand-oncle de l'abbé Aubry, curé de Lonlay-l'Abbaye. Il arriva en 1812, choisit lui-même son local, fixa sa rétribution mensuelle et reçut les élèves. Il continua son pénible travail jusqu'en 1843. Son successeur, M. Dudouit, a laissé la réputation d'un maître capable. Il tint les écoles dans les maisons David, rue de Flers, jusqu'au

(1) La Joserie était un manoir sis en la commune de Taillebois. Les Boisne qui l'habitèrent, sont les ancêtres du P. Bernier, supérieur du Collège St-Aspais de Melun, et auteur du livre « Le Tiers-Etat rural ». La sœur de M. Legallois avait épousé Boisne.

(2) Vers 1830, l'un de ses mécréants, voulant faire parade de son impiété, entra dans l'église le chapeau sur la tête et alla se placer en face de M. Josset, qui baptisait un enfant. M. le Curé, blême d'émotion, ne voulut rien dire à 'homme qui insultait ses cheveux blancs et bravait Dieu dans son temple.

jour où l'on bâtit, sur la Justice de Paix, les classes qui ont servi jusqu'en 1888. A son départ, en 1858, l'Académie nomma M. Duval, de Sainte-Opportune, en 1875, M. Pierre et en 1890, M. Peigney.

Le second maître dont l'évêché signale la présence avait probablement agi comme M. Fouques puisque l'instruction primaire restait une fonction privée. Nos registres communaux ont inscrit le 22 Mai 1813 le nom de Fr. Aunay qui exerça pendant environ deux années. A côté d'eux, nous avons lu les noms de Pierre Marquet qui s'en allait, du bourg, faire la classe au Domaine (1830-1840), du normalien Planchon de la Maslière, (1) auquel ont succédé M. Morel, en 1846, et à M. Morel toute une série d'instituteurs qui résidèrent à la Saumonée, à la Brutelée et enfin au Pont-des-Boots, lorsque la commune eut bâti, vers 1880, la maison qui est présentement occupée. Jusque là, il avait fallu aménager tant bien que mal des salles insalubres, payer des loyers et des indemnités de logement.

Les petites filles ne furent pas mieux favorisées (2).

Les premières maîtresses furent : à la Corbetière, Marie Leprince, de la Chapelle-au-Moine (3) ; à Chennevière, sur les Vallées (maison Despois), une demoiselle Cerisier (4) ; à la Durandière, Marie Louvetel, de Moncy. En 1830, son école était mixte, M. Ulysse Hamon y a été assis sur un tas de pommes de terre.

Une autre demoiselle Leprince faisait la même chose au Haut-Buat (maison Deshayes) ; elle était petite de taille et de tête. De grands jeunes gens, ayant abusé de

---

(1) L'école normale primaire n'a été établie dans l'Orne qu'en 1836.

(2) L'Assemblée catholique de 1850 fut la première qui vota des écoles publiques de filles (Etienne Lamy).

(3) On dit qu'elle était très savante. Elle avait plus de soixante ans quand elle cessa de tenir les classes. Les personnes les plus âgées ne la connaissent que de réputation.

(4) Mlle Cerisier n'était pas capable. Sa classe n'était guère qu'une garderie.

sa crédulité, M. Josset fut obligé de s'interposer et de faire fermer l'école (1).

Au bourg, la classe fut dirigée, dans la rue du Conseil (maison Lebon, menuisier), par Agathe Paillard (1836) (2). Elle faisait lire dans des parchemins que les enfants lui apportaient. Félicité Lecoq, de Clinchamps (Calvados), lui vint en aide en 1846 ; elle était munie d'un brevet obtenu à Alençon. Puis, en 1848, nous eûmes une demoiselle Lebossé, de Montilly. En 1850, Mlle Jouin remplaça Mlles Lebossé et Anne-Julienne, appelées à d'autres fonctions. Celle-ci reçut les compliments de l'Inspecteur et fut néanmoins congédiée. En 1855, Mélanie Gouhier établit l'état de choses actuel. La population était devenue si considérable qu'il fallut, vers 1850, multiplier les écoles. En 1853, il y en avait une à la Métairie, tenue par Aline Rabot, une autre à la Brutelée et une autre à la Saumonée.

Au commencement du siècle, il y eut encore dans la paroisse une espèce d'école roulante. C'est le maître qui parcourait les hameaux et réunissait les élèves, ici, aux premières heures de la matinée, et là, immédiatement après le dîner.

A leur retour, les Evèques furent donc contraints de faire de la religion un résumé très succinct. Le catéchisme de Bayeux, suivi alors à Athis, ne contenait que vingt-cinq leçons très courtes. Il était facile de les apprendre. « Je les savais mot à mot » m'a dit, non sans fierté, la veuve Marie, de la Bohardière, et, à part quelques arriérés très peu nombreux, tous auraient pu en dire autant. La mère Lemoine, qui vient de mourir chez les Dames, appartint à l'une des dernières générations qui eurent entre les mains le catéchisme de Bayeux.

______

(1) Elle se retira chez M. Jouvin, de Condé.

(2) Agathe Paillard était allée au Domaine avant Pierre Marquet. Elle faisait la classe dans une maison qui était au milieu de la commune. Elle a été détruite depuis.

Pour cette raison, elle fit sa première communion à dix ans. M. Josset ne voulait pas l'obliger d'apprendre deux catéchismes. « D'ailleurs ajoutait cette bonne mère, je n'en manquais pas une syllabe ». Elle dîna chez M. Mahiet, le premier vicaire, parce qu'il était son confesseur.

Le zélé curé ne se désintéressa jamais des enfants de son catéchisme. Il les aimait trop pour cela. La première fois qu'il les réunit après son retour d'exil, sa joie se manifesta par des torrents de larmes, presque des sanglots. Son jeune auditoire en fut vivement impressionné, car il ne soupçonnait pas dans un homme de ce caractère un cœur aussi sensible. Il en résulta entre le maître et les élèves une confiance et une affection qui produisirent d'excellents effets. M. le Curé récompensait les plus studieux en leur donnant de jolis volumes sur la première page desquels il inscrivait de sa belle et forte écriture, une mention spéciale, une parole élogieuse et sa signature. Mme Guérin, de la Rabassière, possède encore celui qu'avait reçu sa mère, Marie Brisset, de la Métairie. La famille Huet en a conservé deux qui avaient été mérités par l'un de ses membres.

Lorsque le catéchisme fut changé, M. Josset continua lui-même de s'occuper des enfants qui suivaient encore celui de Bayeux. Il savait exciter parmi ses élèves une bonne émulation. Voici sa méthode :

L'élève des rangs inférieurs avait le droit de provoquer le camarade qui le dépassait de huit à dix places. La leçon du jour était alternativement récitée. Une place pouvait être gagnée par un paresseux dont le hasard avait favorisé la hardiesse, mais celui qui l'avait perdue avait le droit de provoquer son vainqueur à l'instant même en lui posant, à travers les douze dernières leçons apprises, trois demandes à son choix. Si l'adversaire ne sortait pas victorieux de ce second combat, il retournait en arrière. De cette manière, il y avait toujours parmi les bons élèves douze leçons sues sur le bout du doigt.

C'est ainsi que M. Josset put atténuer les ravages que dix ans de révolution avaient causés dans les intelligences et dans les cœurs. En 1803, il n'y avait plus d'habitudes chrétiennes, plus de confréries, plus de fondations, plus rien.

Le Curé était seul sur un amas de ruines. Il ne se contenta pas de pleurer comme Jérémie, il agit avec grande activité.

Il visitait très exactement ses malades ; mais, ne pouvant accorder aux uns le temps dont d'autres avaient besoin, il prit l'habitude de confesser et de donner les derniers sacrements le même jour et en une seule fois. Les habitants, surtout ceux des villages éloignés, comprirent qu'il ne pouvait en être autrement. Sur son désir, les levées de corps furent supprimées, et très volontiers, l'on apporta les bières sans cortège. Le prêtre venait les recueillir à l'entrée du cimetière, à l'*échalier* et disait ensuite la messe.

En 1812, les conseillers municipaux prirent de nouveau en considération les difficultés que M. le Curé rencontrait dans l'exercice de son ministère et lui votèrent, pour la seconde fois, une rente de 400 francs pour avoir un cheval, sans préjudice de 200 francs de supplément de traitement accordés en 1803.

M. Josset traitait parfois ses malades avec une rondeur toute apostolique et un à propos qui emportait le morceau. Un jour, il était dans un village auprès d'un moribond qu'on lui avait dépeint d'un abord difficile. Le brave homme avait fait une partie des guerres de la République et de l'Empire ; la vie des camps ne l'avait pas rendu dévot. Lorsque M. le Curé fut près de lui, en présence de sa famille et des voisins, il l'engagea à mettre ordre aux affaires de sa conscience et à se confesser. « Oh ! répondit le vieillard, ce ne sera pas difficile, je vais le faire devant tout le monde et en deux mots : je n'ai ni tué, ni volé ; hormis cela je crois bien que j'ai tout fait ! Oui, j'ai tout fait ! — Allons, mon ami, interrompit le bon Curé, ce n'est pas sérieux, je vais vous en donner la preuve. » Et parce que le Pasteur savait que le malade avait toujours été pauvre et misérable, il lui dit : « Je parie que vous n'avez pas été usurier ! » Tous ceux qui étaient là se mirent à sourire. Le malade en fit autant ; il fit mieux : une bonne confession. La réplique du Curé, passée en proverbe, a été souvent redite à ceux qui se vantaient d'avoir tout fait : « Oui, tu as tout fait, comme le vieux soldat de M. Josset. »

Si spirituel et si prudent que l'on soit, impossible de passer une longue vie sans être dupe quelquefois. M. Hamard racontait à ce sujet une petite aventure arrivée à M. Josset à l'occasion d'un mariage.

Un jeune homme de la paroisse, dont nous tairons le nom, fréquentait depuis quelques mois une fille de son voisinage. Ses démarches étaient connues ; l'on savait partout que le mariage était prochain.

En discutant un dimanche sur les clauses du contrat et le genre d'établissement qui pouvait convenir, un désaccord assez vif se produisit. Le jeune homme mortifié, répondit avec aigreur, ne voulut point céder, fit des reproches et s'arrangea de manière à se faire prier de ne point revenir.

Le pauvre garçon se retira tout bouleversé, garda sur son aventure un silence prudent, et, après avoir bien mûri son projet, il se présenta au presbytère le samedi soir, assez tard. « M. le Curé, dit-il au vénérable Pasteur, vous savez que je me marie ? — Ah ! oui, je sais bien, tu prends une bonne fille, je te fais mes compliments. — Mais je venais pour mettre les bans. Excusez, il est si tard. — C'est vrai, il est tard ; mais tu es tout seul, cela ne se peut pas comme cela, il me faudrait les parents de ta future. — Je m'en doutais, M. le Curé, mais vous le savez son père est souffrant ; sa mère a été effrayée par la longueur du chemin et j'aurais été obligé de la reconduire. Il faut que vous me les écriviez tout de même. » Le Curé écrivit.

Le lendemain, l'ancienne bonne amie était à la grand'messe ; son ex-fiancé y était de même. En entendant le début de la publication, la jeune fille se dit : « Eh bien ! il n'a pas mis grand temps à en retrouver une autre ! » Mais quand elle connut la fin, le rouge lui monta au front et la colère au cœur. Après la messe, apercevant le coupable, elle alla droit à lui et l'apostrophant elle lui dit : « Ce que tu as fait est canaille ; tu mériterais que je te gifle devant tout le monde !... Après tout, puisque nous en sommes là et que l'on se moquerait de nous, si tu le veux, nous en finirons ». Le jeune homme ne demandait pas mieux. Le mariage se fit et fut heureux. Le Curé, averti, jura, mais un peu tard, qu'on ne le reprendrait plus au même piège.

En 1810, M. Josset célébra un mariage d'un autre genre. Le procès-verbal suivant va nous le dépeindre :

« L'an 1810, procès-verbal de ce qui s'est passé en
« mariage du Militaire doté par sa Majesté l'Empereur
« et Roi.

« Le mercredi deux mai, sur les onze heures du
« matin, se sont rendus à la maison commune, François-
« Nicolas Louvet, militaire en retraite, et Jeanne Gaudin,
« originaire de cette commune. L'un et l'autre choisi par
« la Commission nommée par M. le Sous-Préfet pour
« jouir du bienfait de sa majesté, accompagnés de leur
« famille, de presque tous les maires du canton, ainsi
« que des militaires en retraite ou pensionnés, en
« présence desquels nous avons rédigé l'acte de leur
« mariage civil, après quoi les époux, accompagnés du
« cortège, ainsi que des tambours et instruments de
« musique, se sont rendus à l'église pour y recevoir la
« bénédiction nuptiale.

« Les époux se sont placés sur une extrade construite
« à cet effet, sous un dais et une couronne de laurier à
« laquelle étaient unies des fleurs blanches en vue des
« vertus de l'épouse. M. le Curé a prononcé un discours

« dans lequel il a relevé les vertus militaires et civiles de
« l'époux, la modestie et la pudeur de l'épouse, vertus
« qui ont mérité à l'un et à l'autre les récompenses de sa
« majesté ; il a également félicité les guerriers présents
« à la cérémonie, ensuite il a proposé à l'auditoire, pour
« exemple, les uns et les autres, après quoi il leur a
« donné la bénédiction nuptiale en présence de tout
« l'auditoire ; il a été ensuite chanté un *Te Deum*, relevé
« à chaque strophe par la musique, ce qui a fait une
« sensation et a causé une allégresse générale.

« Le cérémonial de l'église fini, les époux se sont
« rendus au lieu que l'on avait préparé pour le festin,
« pendant lequel il a régné un ordre et une joie générale,
« pendant lequel on a porté avec enthousiasme et recon-
« naissance la santé de leurs majestés l'Empereur et
« l'Impératrice, et ensuite au bonheur des époux ; il a été
« également chanté des chansons analogues à la fête, et
« particulièrement une exprimant la grandeur, la bra-
« voure et les bienfaits de sa majesté, chantée par des
« filles vêtues de blanc ; il a été également, pendant la
« cérémonie, tiré de différentes salves après le dîner ; il y
« a eu une réjouissance générale pendant laquelle on a
« dansé et fait de différents jeux. La cérémonie s'est
« ensuite terminée par un feu d'artifice.

« Fait et arrêté le dit jour et an que dessus. »

Pour pouvoir vaquer à ses diverses occupations,
M. Josset avait réglementé sa vie, ses journées et ses
heures. Sortant peu de sa paroisse, il pouvait lui concéder
tout son temps. On savait les moments qu'il consacrait
au travail manuel, à la visite des malades et au confessionnal. Celui qui, oubliant ces habitudes, voulait arracher le bon Curé à son tour ou à ses horloges, était souvent mal respecté. Lorsque, sur le soir, la foule était
nombreuse au confessionnal, le pasteur qui avait besoin
de repos, s'en allait sans scrupule, et des pénitents courageux passaient une partie de leur nuit dans l'église. Ceux

qui se contentaient de venir au petit matin, afin de prendre
meilleur rang, demandaient la clef au sacristain. Cela ne
les empêchait pas d'attendre longtemps encore, de n'être
point sûrs d'être entendus et d'être à l'abri de virulentes
observations, car, a dit notre poète normand :

> A cette époque-là, les bonnes ménagères
> Criaient après leurs gens pour des fautes légères,
> Et pour se conformer à la mode du temps,
> Les confesseurs grondaient aussi leurs pénitents.
>
> . . . .
>
> Rejetaient sans pardon dans le tas de maudits
> Des gens qui sont allés tout droit en paradis. (1)

Cette sévérité un peu outrée, et qui ne serait plus de
mise aujourd'hui, eut alors de bons effets, supprima bien
des désordres, et maintint l'esprit religieux et la crainte
du Seigneur au fond des cœurs. On venait aux offices ;
toutefois, les sacrements de Pénitence et d'Eucharistie
étaient trop délaissés. Une réaction heureuse ne s'est
faite de ce côté que vers la moitié du dernier siècle.
MM. Delatony, Lecoconnier et Deschamps, missionnaires
diocésains, en furent les instruments dans nos contrées.
Ces messieurs s'étaient établis temporairement aux
Tourailles.

M. Josset remarqua facilement l'insuffisance de son
église. Il eut d'abord l'intention de l'agrandir, de l'allon-
ger ou de l'élargir ; mais les ressources manquaient,
l'entente ne se fit pas, l'âge vint, et avec l'âge, les souffrances qui paralysent l'activité humaine. L'église resta.
Malgré la minime superficie dont il pouvait disposer, le
rigide curé ne permit jamais à ceux qui étaient vêtus
d'une blouse, de paraître au chœur. Les privilégiés
devaient porter la veste, la redingote ou un sarreau,
espèce de grande houppelande qui descendait jusqu'aux
mollets. A ceux qui trouvaient cette mesure trop sévère
et déraisonnable, M. Josset répondait : « Vous prenez

(1) Gustave Le Vavasseur (*Inter amicos*, 325).

vos habits pour aller aux noces, en dîner, aux assemblées et dans plusieurs de vos sorties, et vous n'en voudriez pas faire autant quand vous venez chez le bon Dieu ! Je ne le souffrirai pas. »

Quelqu'un, m'a raconté le père Dubois, outrepassa un jour cette défense. Dès que M. le Curé aperçut la blouse qui, pour lui, n'était pas le vêtement nuptial, il se leva debout, tout d'un trait, et interpellant vivement l'homme à la blouse, il lui dit : « Mon ami, ce n'est pas votre place ici ; sortez du chœur ! Sortez, vous dis-je !... » et il s'avança vers lui pour l'y contraindre.

Un des résultats fâcheux de l'impossibilité où étaient beaucoup de fidèles d'entrer dans l'église, fut de les habituer à assister à la messe et aux offices aux abords des portes, sur les fosses, sur le mur du cimetière, à l'ombrage des grands ormeaux, et un peu partout. Le mal s'étendit encore au moment où l'on dit la messe à la mairie pendant la construction de la nouvelle église.

M. Hamard, mon vénéré prédécesseur, a lutté longtemps contre cet abus. Il en reste encore des traces, puisque quelques personnes continuent de rester sous la tour, dès que la grande porte est quelque peu encombrée.

L'esprit autoritaire du Curé ne supportait pas la contradiction : ses vicaires eux-mêmes ne se permettaient point de lui faire une observation.

Cela ne l'empêchait pas de se montrer aimable, plaisant et jovial à l'occasion. Il ne voyait que très rarement les confrères du voisinage. Ceux qu'il aimait à recevoir annuellement étaient ses compagnons d'exil : les Curés du Vey et du Détroit, et aussi cette famille Phall, qui avait été si compatissante pour lui à Jersey. Il acceptait quelquefois les invitations de ses paroissiens, et parce qu'aucune loi n'y mettait obstacle à cette époque, on le voyait aux dîners de noces où il disait volontiers sa chanson, mettant ainsi tout le monde à l'aise et en gaieté. Les bourgeois, le chirurgien Fauvel en particulier, recherchaient sa société. Ils appréciaient l'intelligence de ses conversations. Il contait parfaitement les aventures de sa vie d'exilé, les ennuis dont il avait été la victime, et les secours que la Providence lui avait ménagés.

S'il aimait la société des gens instruits, il s'attardait aussi et très simplement, à converser avec des ouvriers, surtout avec ceux qui pratiquaient les divers métiers qui lui avaient sauvé la vie en Angleterre.

Ces métiers lui permirent encore de rendre de notables services à ses paroissiens. Il avait si bien observé nos voisins qu'il put, à son retour d'exil, montrer à nos tisserands la manière de remplacer la méthode ancienne de tisser par une méthode nouvelle. Grâce à lui, l'ouvrier ne fut plus obligé de lancer sa navette de la main droite pour la recueillir de la main gauche à l'autre extrémité de sa toile, qu'il fallait frapper ensuite de la châse et croiser par le moyen des lames. La navette façonnée par M. Josset fut désormais commodément installée dans les boîtes de la châse, lancée et reçue par des taquets qui permirent un mouvement ininterrompu et donnèrent par là même une grande célérité au travail. C'était un perfectionnement très appréciable, qui fit une révolution dans l'industrie de nos contrées, comme les métiers Jacquart le faisaient à Lyon vers la même époque. Ce fut un nommé Huet, tisserand dans la petite maison qui était sur la place en avant de l'auberge Lemarchand, qui essaya, le premier, la navette volante (1). Bon papa Bohard et Onfroy (pêtoche) devinrent les amis et les protégés de M. Josset (2).

M. le Curé, après leur avoir appris à façonner des navettes, leur montra à faire et à raccommoder des hor-

---

(1) D'après M. de la Ferrière, Jean Retout, né à Athis, ouvrier d'une haute intelligence et employé de Richard Lenoir, à Athis, aurait inventé la navette volante. Il fut seulement l'un de ceux qui en firent l'essai.

(2) C'est Fr. Bohard qui a fourni l'horloge du château de La Motte-Fouquet. Cette horloge, installée à la porte d'entrée, sonne les quarts ; elle a des parties en cuivre très ouvragées.

loges à un poids et à deux, en cuivre et en bois. Il aimait à travailler lui-même et, presque pendant toute sa vie, il consacra quelques heures à tourner des rouets, à faire des rateaux, des fourches et autres instruments.

Les Collet et Onfroy avaient des horloges de M. Josset. Le père Dubois m'a montré un râteau qui n'avait pas moins de soixante ans. Le brave homme le conservait comme une relique. Il en était fier.

L'horlogerie intéressait le bon Curé plus que tout le reste. Il en avait installé une dans sa chambre d'une manière très ingénieuse. « Lorsque j'étais envoyée pour quelque commission, nous a dit la fille de son ancien sacristain, il ne manquait pas de me taquiner sur une chose ou sur une autre, sur mon âge ou sur mes occupations, si j'avais été sage ou si j'avais menti. Lorsque j'hésitais un instant, il se redressait en disant : « Ah ! tu ne veux pas parler ? Eh bien ! attends. » Et de la petite table où il était assis, il interrogeait son horloge, et l'horloge sonnait les coups qu'il voulait, car, je l'ai su depuis, il avait sous les pieds un ressort qui correspondait au timbre. Mais comme alors je ne devinais pas tout cela, j'en avais peur, je le croyais sorcier. » Cette horloge a été, pendant longtemps, chez M. Mallet, de la Remaisière, en Saint-Pierre-du-Regard. Elle marquait sur son cadran non seulement les heures et les minutes, mais encore les diverses phases de la lune.

Avant d'être atteint de la maladie de la goutte, dont les pénibles accès paralysèrent quelque peu sa verte vieillesse, M. Josset sortait souvent pour la visite de ses malades. Ses deux petits chiens caniches, dont l'un était jaune et bas sur pattes, l'accompagnaient ordinairement. Il aimait à les voir gambader autour de lui. Comme ils étaient très entreprenants et qu'ils approchaient tout près des mollets des passants, plusieurs auraient bien voulu les corriger de leur hardiesse avec la pointe de leur bâton. Personne n'osa jamais se le permettre ni tenter l'aventure, par déférence pour le grave Curé, dont ils redoutaient les observations et les vertes remontrances.

L'un de ses petits chiens avait sa loge au coin de la cheminée de la cuisine. C'était là que M. Josset recevait sans façon la plupart de ses paroissiens et, comme il aimait à plaisanter, souvent il interpellait les jeunes gens et les personnes qu'il savait timides en leur disant : « As-tu désobéi ? As-tu mal parlé de ton prochain ?.... Voyons, réponds-moi. » Comme ordinairement l'interrogé, qui avait peu de goût pour cette confession publique, restait silencieux, le Curé se hâtait d'ajouter : « Ah ! tu ne veux rien dire ! Eh bien ! je vais savoir tout de même. Viens ici, Mentor ! » Et le chien complaisant comptait de la patte et de la tête, comme le voulait son maître. Les enfants s'en retournaient souvent fort impressionnés.

C'étaient là quelques distractions qui le reposaient de sa vie laborieuse. Il était, au besoin, architecte (1) et avocat consultant. A ce titre, il déconseilla à ses paroissiens de donner plusieurs noms de baptême. D'après lui, ce mode mettait de la confusion dans les affaires et exposait aux procès.

M. Lemaréchal semble avoir été le vicaire de M. Josset jusqu'en 1807. Après lui, vinrent : 1° M. Goubert ; 2° M. Dameron, le futur curé d'Argentan, qui ne resta à Athis qu'une année et fut nommé curé en 1812. Ensuite, il y eut un interrègne d'un an. M. Brosset nous resta jusqu'en 1816 (2) et, après une nouvelle vacance, M. Gauthier arriva en novembre 1817 pour s'en aller à Berjou quatre années plus tard.

M. Josset fut sans vicaire quelques mois encore. Le Conseil s'en émut et le 6 Avril 1821, il prit la délibération suivante :

« Le Conseil d'Athis, considérant que M. le Curé,

---

(1) M. Josset fit construire la maison Fauvel, du Champ-Rond. Il y installa la porte de l'ancien château. Elle y est encore.

(2) M. Brosset est mort curé-doyen d'Ecouché.

« âgé de soixante-cinq ans, est fréquemment retenu au
« lit par la goutte, dont il est attaqué depuis plus de
« douze ans, ce qui le rend parfois hors d'état de faire
« les fonctions du ministère ;

« Considérant l'étendue et la population de la com-
« mune, s'élevant à près de quatre mille habitants, la
« difficulté des chemins de communication pendant la
« plus grande partie de l'année ;

« Considérant que de tout temps il y a eu en cette
« commune deux ou trois vicaires, et qu'elle en a encore
« besoin plus que jamais, la population augmentant et
« vu la mauvaise santé de M. le Curé ;

« Considérant enfin que le vicaire d'Athis ne vivait
« point avec M. le Curé et qu'il tient son ménage dans
« une maison séparée du presbytère, ce qui est beaucoup
« plus onéreux. Pour tous ces motifs, après mûre ré-
« flexion, vote à l'unanimité une somme de cinq cents
« cinquante francs pour le traitement de MM. les
« Vicaires d'Athis, demandant qu'elle soit répartie au
« marc le franc des contributions foncières, personnelles
« et mobilières. »

Monseigneur envoya M. Mahiet.

Le 22 Avril 1822, ce prêtre commença à rédiger nos
registres, d'abord d'une main mal assurée et plus tard
avec une belle calligraphie. L'abbé Mahiet avait des qualités solides et fondamentales. Il était d'une piété exemplaire et de mœurs irréprochables. Sans être grand, il
était robuste et infatigable. Pendant son ministère de
quinze années, il fut souvent seul à répondre aux besoins
d'une paroisse qui comptait déjà plus de quatre mille
habitants. Ses études avaient été tronquées. Il n'avait
même eu la pensée de devenir prêtre qu'après avoir
manqué un établissement qui l'aurait probablement pour
toujours rivé au monde. Deux années lui permirent
d'ébaucher ses humanités et, après moins de trois ans de
théologie, on en fit un vicaire d'Athis. Il ne faut donc

pas être surpris que ce bon prêtre ne fût pas complet. Nos bourgeois constatèrent que son langage n'était pas complètement épuré et son accent natal leur parut plus désagréable que le leur. Quand M. Mahiet en avait l'occasion, par petite gloriole, il entonnait lui-même le *Magnificat* en musique de Gomont (VIe ton). Les vieillards s'en souviennent encore et rappellent avec un sourire malin qu'il chantait bien quand il ne *s'engouait* pas sur *Abraham*.

En août 1828, M. Peschard arriva à Athis en qualité de vicaire auxiliaire et, alors surtout, le public remarqua l'infériorité de M. Mahiet. « Ce dernier ne prêchait qu'avec un modèle, il lui fallait un guide et encore il ne disait pas très bien ». Le premier s'exprimait librement et éloquemment, parlait de mémoire et avec des gestes. Les gens en étaient touchés et satisfaits. Aussi, à la mort de M. Josset, ils donnèrent leur préférence au jeune pendant que les fabriciens faisaient des démarches en faveur de M. Mahiet. Afin d'augmenter sa popularité, le premier vicaire devint alors très paternel avec les enfants et leur distribua de petits cadeaux. Néanmoins il ne fut pas nommé curé d'Athis.

Après l'échec de sa candidature, il resta à la tête du vicariat pendant plus de trois années, même après M. Peschard. Nommé à Saint-Fulgent-des-Ormes, canton de Bellème, en Septembre 1837, M. Mahiet quitta Athis avec un grand chagrin. Il fit remarquer non sans raison, qu'il s'était usé au service de la paroisse et que quelques-uns s'étaient montrés assez ingrats. Il ajouta même qu'il ne reviendrait jamais dans le pays. Il a tenu parole. Son successeur fut M. Lelièvre que M. Bisson *chassera plus tard à Coudehard* comme on le dit encore plaisamment. M. Goupil avait remplacé M. Peschard.

Sous le gouvernement de M. Josset, la paroisse prit un grand développement sous tous les rapports. Le commerce, qu'un intendant de 1760 avait déjà noté comme considérable avait plus que triplé. Tout le monde s'occupait de faire filer ou tisser le coton comme patrons ou comme ouvriers. Cette vie agitée, qui enfièvrait les esprits et conduisait à la richesse, n'était guère favorable à la vie religieuse. Les monastères n'étaient guère qu'au début de leur relèvement. On cite parmi celles qui allèrent en communauté une sœur Dujardin, de la Bohardière, elle entra à la Visitation du Mans; une demoiselle Dufour, de la Pilatrière, alla à la Providence de Séez; Anne Roger, du Poirier, se rendit à Lisieux au couvent de Saint-Désir. Il en est d'autres que nous ne connaissons pas.

Parmi les jeunes gens qui se destinèrent au sacerdoce, il faut citer M. Huet, mort curé de Banvou (1) en l'année 1878.

M. Retout, prêtre habitué à Bayeux, qui compte au moins 90 ans, et M. Horion, décédé à Saint-Hilaire-sur-Rille, après avoir été Curé du Plantis. C'est là qu'il composa son ouvrage intitulé « Le Triomphe de la Confession ». L'exemplaire que je possède est de la quatrième édition parue chez Bray, à Paris, en 1852 (1).

M. Josset fut très bien secondé par les diverses municipalités qui dirigèrent la commune. A la place de Jean Vardon du Val, maire d'Athis au moment où il rentra dans sa paroisse, fut nommé, en 1806, Pierre-Nicolas Chauvin Taillis, son ami et chrétien fervent. Les faits et gestes de son administration sont contenus dans un gros registre de près de deux cents pages.

Nous y avons remarqué l'inventaire et titres des

---

(1) M. Huet était de la Masquerie. Sa famille est allée en partie se fixer à Condé-sur-Noireau. Deux de ses neveux tiennent dans le clergé du Calvados un rang distingué. C'est M. Huet qui fit bâtir l'église de Banvou. (Voir Sem. Cath. du 29 Juin 1901).

(1) M. Horion composa un second ouvrage intitulé « Dialogues sur les Vérités de la Religion » (Isidore Deforges, Paris, 1845), mais il n'eut pas le succès de son aîné.

Plusieurs jeunes gens se sont rendus à la Trappe de Mortagne et sont devenus d'excellents frères roux.

papiers de la commune. Les quatre-vingts pages suivantes sont remplies par des certificats ayant presque tous rapport au service des armées (exemptions, congés, pensions, décès); on y voit même quelques libérations de forçats.

Par deux fois, le maire dressa procès-verbal pour rendre compte de la manière dont on avait célébré la fête de l'Empereur. En 1814, on agit de la même manière le jour de la fête Saint-Louis.

Le 14 Novembre 1807, Jean-Paul Bétrine, ministre protestant, après avoir prêté un long serment à Alençon, fut installé à Athis. C'était depuis la révocation de l'Edit de Nantes le premier ministre qu'on accordait à nos religionnaires.

Le 11 Février 1813, Jacques Clément de Falaise fut autorisé provisoirement à continuer ses fonctions d'instituteur à Athis, où il était depuis quelque temps : il avait 51 ans. D'après les règlements, il devait enseigner seulement l'écriture, la lecture et les premières notions de calcul, sous peine d'être suspendu de ses fonctions.

L'élève devait être muni d'un certificat de vaccin. L'instituteur ne devait pas recevoir les petites filles ni prendre de pensionnaires. Le 22 Mai 1813, François-Charles Aunay de Durcet, âgé de 32 ans, fut autorisé à continuer ses fonctions à Athis, où il exerçait depuis deux ans.

Pendant les Cent Jours, M. Barabbé de Segrie-Fontaine fut nommé maire d'Athis et Lebailly Meslier, adjoint.

En 1820, on fêta à Athis la naissance du duc de Bordeaux.

Le cinq Février 1807, les dettes de la commune s'élevaient à la somme de 5.404 fr. 42; il était dû à M. le Curé pour réparations à l'église et aux murs du cimetière 404 fr.; au même, pour la réparation faite à sa chambre, 163 fr.; au même pour deux années de supplément à lui accordé, pour avoir un cheval pour desservir la commune, 800 fr. ; à Chauvin Taillis pour l'achat d'une maison servant de logement aux vicaires, 893 fr. 25.

Sous l'Empire et la Restauration, les maires, les adjoints et même les conseillers municipaux étaient nommés par le préfet. En 1806, les adjoints de Chauvin furent *Jean Brisset* de la Trihannière et *Jacques Lebailly* Meslier. Les conseillers étaient au nombre de douze : Bohard François, du bourg, Pierre Brocardière du Poirier, Durocher Louis du Viel-Hêtre, Groussard Jean et Pierre de la Retoudière, Groussard Nicolas du Meslier, *Jean Hardi* de la Guesnonière, Lebon François de la Vatumerais, Mathieu Madeleine des Bourses, Madeleine Louis du Rocher Nantreuil, Pierre *Marchand Lafosse* et Mathieu Vardon Grand Pré du Val. Deux protestants conseillers et les deux adjoints.

Notre marché du samedi fut établi le 6 juillet 1814. Le docteur Liard fut réformé par défaut de taille en 1810 ; le même pratiquait la médecine à Athis en 1816, et fut nommé conseiller municipal en 1817. Devenu maire en 1824, après la mort de P. Chauvin, il fit voter un puits sur la place du bourg. Le médecin Nicolas Husnot des Bois était mort en 1810 (1).

Les questions soumises au Conseil jusqu'en 1830 n'ont eu qu'une importance assez minime. Plusieurs fois, il délibéra sur l'élargissement et l'empierrement du chemin vicinal d'Athis à Flers, et la réparation des autres chemins vicinaux ; deux fois, il nomma des gardes-champêtres et reconnut des gardes particuliers.

En 1814, le 22 juillet, le Conseil envoya une pétition au préfet pour que Chauvin fût continué en sa place de maire.

En 1817, le préfet demanda à la commune d'entre-

---

(1) Nous avons vu, à la Bunelière, une plaque de cheminée couverte de couronnes royales avec la date de 1771, et au milieu le nom de Nicolas Husnot qui fut probablement le père du docteur.

prendre des travaux en vue d'occuper les indigents : le Conseil s'y refusa.

En 1819, Françoise-Louise-Aglaé Josset, veuve de Guillaume Dupont, fixa son domicile dans la rue du Conseil, avec Pauline Dupont, sa fille. En 1820, il fut question de faire établir quatre foires à Athis : le samedi précédant le 1er septembre, celui précédant le 9 octobre, le premier et dernier samedi de janvier. Mais la question ne fut pas résolue facilement, et il fallut faire de nombreuses instances et répondre aux objections des habitants d'Ouilly-le-Basset et de la Carneille.

Sous le règne de Charles X, les contrôleurs vérifiaient les comptes des percepteurs. P. Marquet qui avait exercé cette fonction à Athis, en l'an VII, VIII et IX, fut accusé d'être redevable au trésor.

Son fils, alors instituteur à Athis, fit observer le 14 mai 1825, que son père était décédé, il y avait 19 ans, qu'il avait quitté le pays depuis environ 22 ans, et qu'avant son départ, il avait rendu ses comptes entre les mains de Jean Vardon, alors maire de la commune. Le préfet accepta les observations.

M. Vendel de Cahan fut également inquiété pour sa gestion de percepteur. Dans sa séance de mai 1825, le Conseil le déclara quitte de tout, et lui vota un tribut d'estime pour l'exactitude et la probité de ses comptes. La même année, Athis rattaché à Condé pour l'administration des postes, demanda un bureau de poste, ou au moins à recevoir ses dépêches par Flers.

Le 4 novembre, on célébra la fête du Roi. Il y eut messe solennelle, *Te Deum*, grand concours d'habitants, distribution de pain aux pauvres, discours de M. le Curé, qui fit un éloge concis, mais vrai, des vertus de notre monarque bienfaisant ; vers 7 heures, illumination des monuments publics, feu d'artifice et une douzaine de coups de fusil. Le drapeau blanc fleurdelysé fut porté par un ancien militaire, puis arboré à la maison commune ; l'air retentit plusieurs fois des cris de : « Vive le roi ! Vive Charles X, notre roi bienfaisant ! »

Après 1830, le nouveau maire fut Pierre-Joseph Fauvel.

Le 30 août 1834, il y eut un grand travail pour le classement des terres et des maisons de la commune. A cette époque, on parla des moulins : 1º de Bazin Charles ; 2º de Bazin Auguste ; 3º de Garnier Pierre ; 4º de M. Martin (1) ; 5º de Mme de Baglion ; 6º de M. Hardi Jean ; 7º de M. Delaunay Gérondin. Il y avait alors quatre filatures : 1º celle de Mme Bazin ; 2º celle de M. Hardy, et deux à Madeleine Jacques. C'est tout ce que nous avons remarqué de saillant dans les deux cents pages que nous avons parcourues.

Après avoir été curé d'Athis pendant 48 années, M. Josset mourut à l'âge de 78 ans. On le revêtit de sa soutane, on lui mit un surplis, son étole, son long bonnet carré et ses souliers à boucles d'argent. Quand il eut été placé dans un fauteuil au milieu de la salle à manger, on permit à la foule de se présenter. Toute la paroisse y passa. Le jour de ses obsèques, on le transporta au chœur de l'église, et ce fut seulement sur le bord de la fosse qu'on le mit dans le cercueil. La fosse avait été creusée sous la grande fenêtre du côté du Midi. Il n'eut pas de tombeau. Ses restes furent mis à découvert par les ouvriers qui déblayèrent le vieux cimetière au moment de la construction de l'église. Ses vêtements sacerdotaux, la couleur un peu rouge de ses cheveux et ses souliers à boucles d'argent le firent reconnaître facilement. Son vieux sacristain Retout ajouta son témoignage. Plusieurs eurent la pensée de recueillir ses ossements et de les faire trans-

---

(1) Martin, d'où Martinique. C'est à cette époque que l'on traça la route de Putanges à Condé. Le maire d'Athis, ou s'était opposé à son passage par sa commune, ou n'avait pas été assez influent pour l'obtenir. En présence du mécontentement de ses administrés, Fauvel essaya sa démission et fit nommer Jacques Lecoiffier, pharmacien à Athis depuis peu d'années.

porter en un lieu spécial au nouveau cimetière. M. le Curé Lemaître ne le jugea pas à propos. Il ne voulut pas que les restes de son prédécesseur fussent mieux traités que ceux des autres défunts.

En 1878, au moment où la Fabrique fit construire la première sacristie, on retrouva encore une partie du corps de M. Josset. M. Hamard le fit déposer dans la fosse commune, de sorte, que nous n'avons plus, de M. Josset, qu'un petit calice d'argent et sa grande renommée.

M. Josset était mort le 15 Avril 1834. L'inhumation eut lieu le lendemain. La cérémonie fut présidée par M. Lepont, le vénérable curé de Ste-Honorine. Il était assisté de MM. Garnier du Biot, curé de Berjou, Gervais, des Tourailles, Féret, de Ségrie, Chauvière, de Taillebois, Delaunay, de Durcet, Lamotte, de Mille-Savattes, Ledonné, de Saint-Pierre, Chenel, de Landigou, Chanu, vicaire du Mesnil-de-Briouze, Forget, curé d'Aubusson et Pichard qui était, si je ne me trompe, curé de Bréel.

MM. Mahiet et Peschard gouvernèrent la paroisse jusqu'à la Toussaint de la même année. L'abbé Ménager de St-Pierre, qui les remplaça le 20 et le 21 octobre, fit, pendant ces deux jours : un mariage, deux baptêmes et deux inhumations. Cette année 1834, il y eut 133 baptêmes contre 53 inhumations et 35 mariages. Les deux vicaires quittèrent Athis en 1837, à quelques mois d'intervalle. M. Peschard fut nommé au Mesnil-Hubert, où il est mort à l'âge de 56 ans, le 7 Août 1851. M. Mahiet a terminé sa carrière à St-Fulgent-des-Ormes, le 8 Août 1849. Le successeur de M. Josset fut M. Lemaître vicaire de Rasnes. Il a gouverné la paroisse d'Athis jusqu'en 1864.

Pendant cette période de cinquante ans que nous avons étudiée, Athis vécut sous huit gouvernements très divers : Louis XVI, La Terreur, Le Directoire, Le Consulat, L'Empire, Louis XVIII, Charles X et Louis-Philippe. Par

*

son marché et ses foires, ses filatures et ses tisserands, son commerce atteignit un grand développement.

En 1806, Athis comptait 3526 habitants ; en 1831, 4300. L'année 1846 vit son apogée. Le total du recensement s'éleva au chiffre de 4645.

Depuis lors, la ville de Flers nous a découronnés, ou plutôt nos fabricants, MM. Coulombe, Vardon, Lucas, Langlois, Blin, Patry, et beaucoup d'autres, se sont rendus d'eux-mêmes dans la Cité qui présentait plus de facilités à l'échange des marchandises.

La Providence suscitera-t-elle un nouveau M. Josset pour réveiller notre industrie et arrêter le pernicieux mouvement de l'émigration ? Ce serait bien à désirer. Puisse-t-elle au moins nous maintenir dans les sentiments religieux qui firent de nos ancêtres les soutiens dévoués des prêtres pendant la Révolution et les ouailles dociles de M. Josset après son retour de l'exil. Le vœu ardent de leur pasteur est qu'ils conservent leur beau renom d'honnêtes gens et de véritables chrétiens.

C. MACÉ

Curé-Doyen d'Athis

TABLE DES MATIÈRES

Flers. — Imprimerie Catholique

www.ingramcontent.com/pod-product-compliance
Ingram Content Group UK Ltd.
Pitfield, Milton Keynes, MK11 3LW, UK
UKHW021519090726
13657UKWH00001B/334

9 782019 937164